台灣歷史故事

5

日本統治的時代

〔1895～1945〕

故事／周姚萍
顧問／曹永和
審訂／台北市國小社會科輔導團

編者的話

台灣歷史從史前時代開始，一直有著非常豐富的內容。雖然遠古文化的發展仍然有待發掘，原住民的歷史也需進一步整理，但是十七世紀以後的活動都已載入史實。在這段源遠流長的發展過程中，留下了許多影響深遠的事件，與令人懷念的人物。可惜的是，到目前為止還沒有一套適合少年朋友閱讀的完整叢書，以了解台灣歷史的演進。

有鑒於此，聯經出版公司特別邀請了兒童文學作家，根據歷史資料，將重大的事件與人物改寫成歷史故事。涵蓋的時間從史前以至台灣光復，牽涉的主題從艱辛的開發過程、激烈的戰爭與動亂、社會的民情與風俗、到個別人物的感人事蹟，都包含在內。

這套「台灣歷史故事」叢書一共五冊，相信少年朋友在閱讀之後，一定會從中獲得對台灣歷史發展的基本認識與了解。

序

曾經聽年長的一輩，說起日據時代的往事，他們在言談神情之間，往往只有懷念。我覺得疑惑，被殖民者的生活應該是悲苦而不忍回想的呀！

直到我讀了這一段歷史，才明白，日本政府在台灣，實施同化的政策，許多日據末期出生的人們，自小就被當成日本人一樣的教育，他們大多讀不到日本占據台灣的悲慘真相！他們往往只看到日本將台灣帶上了秩序井然、建設現代化的情境，卻不知道日本人的一切措施工程，都是為了把台灣，建造成侵略的基地和資源。

歷史告訴了我真實，而在讀歷史的同時，我也看到了客觀；史學家在記錄日本政府的不公平統治時，對於日本對台灣的研究、調查、開發，也並未予以抹煞，而那些曾經站在台灣人這邊，為我們祖先爭取過權益的日本人，也在歷史上留下了名字、事蹟。

寫這本書的人

周姚萍

1966年生於台北

自由文字工作者

共有兒童文學著作五本。

曾獲：金鼎獎推薦獎

聯合報讀書人最佳童書獎。

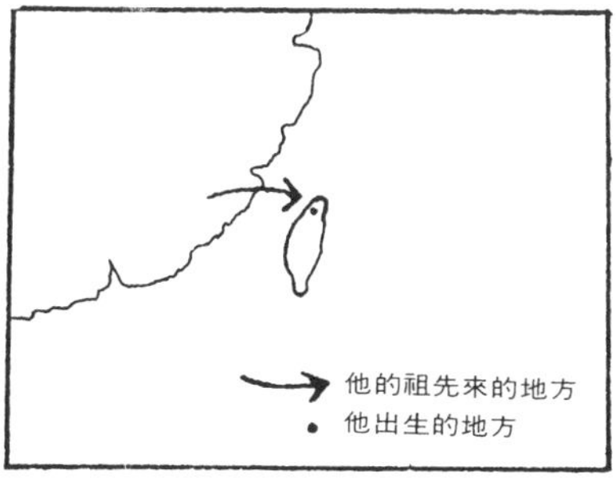

看看！我們在哪裡？

在世界地圖裡，台灣的位置。

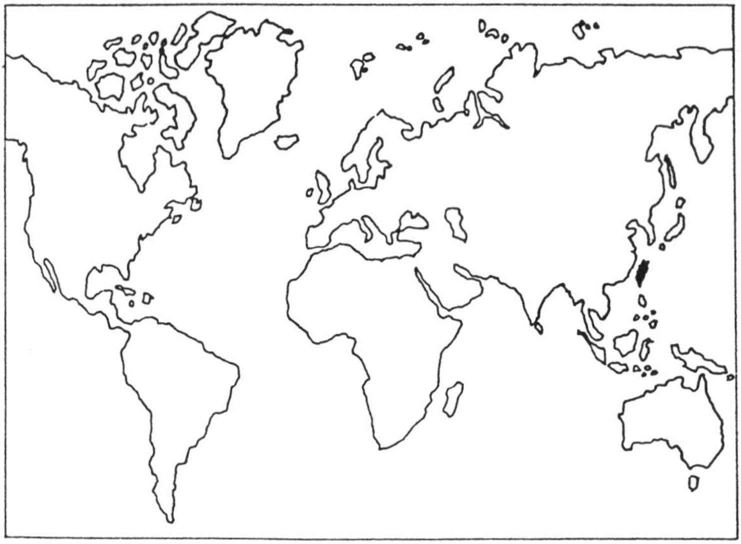

1945年日本戰敗，台灣受降典禮在台北公會堂。
（今中山堂）

歷史地圖

這本書提到的重要事件、
地方，在這裡可以找到。

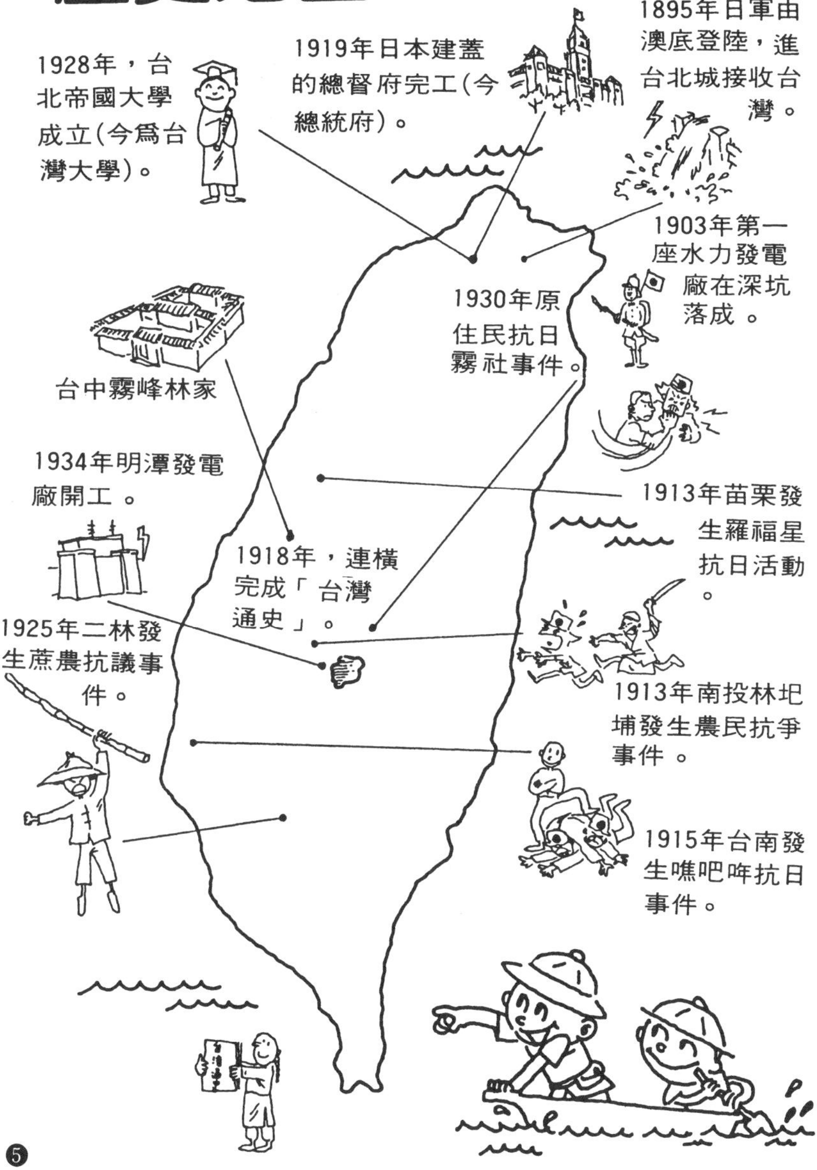

1895年日軍由澳底登陸，進台北城接收台灣。
1919年日本建蓋的總督府完工(今總統府)。
1928年，台北帝國大學成立(今爲台灣大學)。
1903年第一座水力發電廠在深坑落成。
1930年原住民抗日霧社事件。
台中霧峰林家
1934年明潭發電廠開工。
1913年苗栗發生羅福星抗日活動。
1918年，連橫完成「台灣通史」。
1925年二林發生蔗農抗議事件。
1913年南投林圯埔發生農民抗爭事件。
1915年台南發生噍吧哖抗日事件。

這些年發生的大事……

年代 西元	年代 中國	重要事件
一八九四 一八九五	光緒二十年 光緒二十一年	•中日甲午戰爭爆發。 •中、日簽定馬關條約，割讓台灣、澎湖。 •台灣民主國成立，推任唐景崧爲總統，劉永福爲大將軍，只維持一百四十八天。 •日本由澳底登陸台灣，樺山資紀擔任首任台灣總督。 •台北設立保良局，辜顯榮擔任局長。 •抗日份子在各地起義。
一八九六	光緒二十二年	•開始戶口調查。設警察制度。台北設日語學校，教授日文。 •日頒「六三法」及「台澎居民退去章程」
一八九七	光緒二十三年	•總督府公布「台灣鴉片令」，實施鴉片專賣。 •台北病院附設講習所，開始培養台灣人醫師。

這些年發生的大事……

年代		重要事件
西元	中國	
一八九八	光緒二十四年	•兒玉源太郎接任第二任台灣總督。 •實施土地調查。
一八九九	光緒二十五年	•食鹽與樟腦實施專賣制。 •台灣銀行成立。
一九〇〇	光緒二十六年	•台北、台南開始有了公共電話。 •台灣第一家新式製糖工廠成立。 •孫中山到台北，策動惠州起義。
一九〇二	光緒二十八年	•使用新度量衡制。
一九〇三	光緒二十九年	•首座水力發電所在深坑落成。
一九〇八	光緒三十四年	•打狗港(高雄)開土建港。 •縱貫鐵路(基隆到高雄)全線通車。
一九〇九	宣統元年	•台北有了自來水。 •廢除陰曆。
一九一〇	宣統二年	•實施「官營移民政策」，鼓勵日人到台灣東部。
一九一一	宣統三年	•梁啓超來台。 •東部鐵路全線通車。
一九一二	民國元年	•林圮埔農民運動事件。
一九一三	民國二年	•台北開始通行公共汽車。 •苗栗發生由羅福星領頭的抗日運動事件。

這些年發生的大事……

年代（西元）	年代（中國）	重要事件
一九一四	民國三年	●台灣同化會成立。 ●第一次世界大戰爆發。
一九一五	民國四年	●噍吧年事件爆發，也稱余清芳事件。 ●台灣人第一所自力籌建的學校—台中中學創校。
一九一七	民國六年	●天主教會創靜修女學校，爲第一所收台籍女學生的學校。
一九一八	民國七年	●中央山脈橫斷公路完成。 ●連橫完成作「台灣通史」的使命。
一九一九	民國八年	●台灣總督府完工(今總統府)。
一九二〇	民國九年	●「新民會」在東京創立。 ●林獻堂等人開始向議會提出請願，要求台灣人有特別立法權及預算權。
一九二一	民國十年	●台灣文化協會成立。 ●蔣渭水發表「台灣診斷書」。
一九二二	民國十一年	●實施酒類專賣。
一九二三	民國十二年	●有「台灣人喉舌」之稱的「台灣民報」在東京創刊。 ●發生「治警事件」，搜捕台灣議會請願者。
一九二五	民國十四年	●二林蔗農抗議事件爆發。 ●高雄鐵工罷工。

這些年發生的大事……

年代（西元）	年代（中國）	重要事件
一九二六	民國十五年	•正式爲台灣生產之米命名爲「蓬萊米」。
一九二七	民國十六年	•台灣人第一個政治團體「台灣民衆黨」成立。
一九二八	民國十七年	•設立「台北帝國大學」，現爲台灣大學。
一九三〇	民國十九年	•霧社事件爆發。
一九三二	民國二十一年	•台灣第一家百貨公司「菊元百貨」在台北開幕。
一九三四	民國二十三年	•日月潭水力發電廠開工。
一九三五	民國二十四年	•首屆台灣地方議員選舉。
一九三六	民國二十五年	•台北松山機場開工建造。 •台北新公園(今二二八紀念公園)落成。
一九三七	民國二十六年	•中日戰爭爆發。徵召台灣人軍伕。 •推行「皇民化」運動。
一九四一	民國三十年	•成立「皇民奉公會」，積極推動皇民化運動。
一九四三	民國三十二年	•實施六年制義務教育。
一九四五	民國三十四年	•日本戰敗無條件投降，十月二十五日台灣光復。

目次

去去留留難取捨 1
言論風波 12
抗日英雄的命運 20
連橫與台灣通史 31
農民的怒吼 39
革命思想傳過海 49
霧峰林家三少爺的理想 57
南北聯合齊抗日 68
叩頭請願求民主 79

文化救國力量大 85
突來的搜捕 94
甘蔗悲歌 104
不屈的霧社山中勇士 113
總督府的死對頭 124
地方官自己選 134
拔除台灣的根 143
不能傳唱的台灣歌 155
戰火下的日子 166
台灣軍伕傷心的出征 178
日落大地 184

去去留留難取捨

西元一八九五年日本接收台灣，總督府頒布「台澎居民退去章程」，讓台灣人民在一定期限之內，選擇留下來被統治或離開台灣，結果有六千多人離去。

西元一八九七年春天，台灣成為日本殖民地的第三個年頭。溫暖柔和的微風中，隱隱浮動著焦慮與不安。

台北縣林姓地主家的廚房裡，女傭吳嫂和玉珠，正忙著生起灶火煮飯。一旁吳嫂的童養媳阿英，則勤快的洗菜、切菜；吳嫂很精明能幹，卻有些苛刻，對阿英不太好，把九歲的她帶進林家工作，下了工回到家，還要她做一堆粗活。

吳嫂在大鍋裡注滿水，一邊對玉珠說：「我今天去買菜，回來整理菜籃裡的東西，發現包豬肉的紙……」她壓低聲音說：「竟然是抗日分子寫的傳單，鼓吹大家要團結起來反日本……」

由於日本政府頒布了「台澎居民退去章程」，規定在西元一八九七年五月八日以前，人民可以自由決定留在台灣，或是另謀出路，而現在章程所定的期限已經接近了，抗日人士既不願意被日本人踩在腳下，也不甘心拋棄家園出走，所以積極散發傳單，鼓動人們投入抗日的行列。

吳嫂把那張傳單拿給玉珠看，隨即揉成一團丟進灶火裡，「平民百姓，拿什麼去跟軍隊、警察作對呀！」

「是啊，總督府剛成立的那一陣子，市場上、寺廟前還不是貼了一堆反日的宣傳單，接著，就有好多人起來跟日本軍隊打，結果還不是打不過……」

「對啊！而且，你想想，總督的權力大得不得了，聽說他說的話就是法律呢！說不定哪一天他說要把有抗日念頭的人，全部抓起來處死，也有可能啊！那些人真不知死活。」

「哇！真是可怕……吳嫂，你好聰明，把傳單一下子燒掉，就不怕被牽連了。唉！我們平民百姓，什麼也不求，只希望不要有動亂，日子平平安安、穩穩定定的。」

吳嫂一邊添加柴火，一邊搖頭嘆息，「我看日子是不穩囉！」

•台灣總督的權力很大，在管轄區內可以制定具有法律效力的命令。主要的目的在對付抗日分子（日方稱爲土匪）。

•日據初期：台灣北部的抗日活動非常激烈。以陳秋菊、胡嘉猷、林大北、林李成、簡太獅、許紹文爲首的抗日組織，使日軍產生很大的困擾。

「怎麼說？」玉珠緊張的睜大眼睛，「難道你聽說真的又有人要作亂了？是在台北嗎？唉喲！阿彌陀佛，我最怕打打殺殺的……」

「不是啦！我是說工作上的事……昨天夫人對我說，他們一家打算去大陸，問我要不要一起走？」

「去大陸？他們決定要去大陸？」玉珠訝異的叫道。

「老爺怕時局一亂，林家的產業會保不住，所以打算把資產移走。夫人又告訴我，老爺說就算沒有大亂，也難免被日本人剝削，太沒保障了。」

玉珠開始炒菜，一邊黯然的說：「夫人最看重你了，難怪要帶你走，我呢，又不得夫人疼愛，唉！看來就要沒工作了。」

「我又不走。大陸是圓是扁也搞不清楚，我丈夫有一小塊田地在這裡，要是賣了地去了那邊，林家發展不起來，甚至有個什麼閃失，以後我們靠什麼呀！況且，我是想，小亂是會有，大亂還不至於啦！而說到壓榨嘛！我們窮人家，政府要榨還嫌費力呢！」

「說得也是。」

一旁的阿英，雙手不停工作著，耳朵也把阿母和玉珠的話，全聽了進去。

午飯煮好了。由於林家的獨生女婉如，這天身體不太舒服，吳嫂就叫阿英把飯菜送到小姐的房裡。

婉如一看到阿英，就特別高興；她和阿英同齡，因為她是林家的掌上明珠，從小又體質纖弱，所以父母對她保

●一八九七年五月，以陳秋菊爲首的台北抗日分子，再度進攻台北，反抗日軍，有兩百多人殉難。

護得很周嚴，根本不准她隨便出去，而阿英也就成了她唯一的玩伴，與說話的對象。

「來，阿英，你來陪我吃。」婉如夾了一塊肉要給阿英。

「不行啦！我阿母會罵，我要回廚房去了。」

「不管不管，我要你陪我吃飯、聊天，我這就去跟吳嫂說。我的話吳嫂哪一次不聽呀！」

陪伴婉如時，阿英把先前聽到的話告訴她。

婉如可急了，「什麼?你阿母不走!不行啦!我不要跟你分開呀!我只有你一個好朋友。可是，你阿母、阿爸不去大陸，我阿母也不可能因為我希望你走，就答應帶你一個……我得想想辦法——」

五月五日當天夜裡，阿英一直沒辦法入睡；她被婉如說服，答應她在六日的凌晨偷跑到林家，躲進放行李的大木箱，好跟他們坐船到大陸去。可是，阿英免不了有些遲疑；阿母對她不好，她長大後也不想嫁給阿母的獨生寶貝——又懶又愛欺負人的阿順，可是，阿爸對她還不錯呀！況且，他們又養了她這麼多年……

在翻來覆去當中，她聽到隔壁阿爸與阿母的對話。

「你真的決定不走？太太說，如果我們改變主意，可以隨後坐船去找她。她說，跟著林家不用擔心，你可以在老爺身邊學做生意，林家那邊有熟人，只會愈來愈發，不會有問題的。」

「好了，好了，別說了，我才不管什麼發不發，我絕

•平時勞動者打赤腳，在家中則穿木屐。賣木屐的人，將貨品疊起，挨戶兜售。

不會離開自己的家鄉，拋棄祖先傳下來的房子、土地！是生是死，是好是壞，我都要守住這片辛苦建立的家園！」

接著，就是一片靜默，不再傳出任何聲音。

接近天亮時分，阿英溜出家門，跑到林家與婉如會合，並躲進放著婉如衣物的大木箱中，婉如對她說：「你委屈一下喔！等到船開了，再出來。到時候，就算他們想送你回去，也沒辦法啦！」

天亮後，林家哄哄亂亂的，大夥兒都忙著搬運行李。吳嫂匆匆跑來，在門口逢人就問：「有沒有看到阿英？」

她得到的答案都是否定的，「這個死阿英，跑到哪裡去了？從來也沒有這樣過……」吳嫂雖然很氣，卻很快的壓抑住怒氣，開始幫忙打點。

「咦？這個行李箱怎麼沒上鎖？蓋子還開開的。」吳嫂說著向前察看；那是躲著阿英的木箱。

婉如遠遠的看到，緊張的跑過去搶在前頭，「我來關。」

「這是我們下人該做的……唉喲！衣服都沒放好，袖子跑了一截出來，我來弄好。」吳嫂一下子打開箱蓋。

阿英沒有在裡面！

原來，阿英最後還是不忍心背叛養父母，因此在天亮前，就從木箱裡跑出來，躲進廚房裡弄早餐。而這時她已經把東西煮好，跑出來叫婉如去吃。

吳嫂一看到阿英，就一直罵她，說她要提早來幫忙也不說一聲。婉如則在旁邊護著阿英，替她說好話。

•一八九六年至一九〇五年，日本治理台灣主要採安撫手段，對台灣原有的風俗習慣並不干涉。

吳嫂這才止住了罵，走進屋裡。阿英的眼眶裡滿含淚水，對婉如說：「小姐，謝謝你……對不起……我還是不能走。」

婉如也哭了。

「小姐，我為你煮了稀飯，還有你愛吃的煎蛋，你一定要統統吃光！」阿英吸吸鼻子說。

婉如抹著眼淚，頻頻點頭，握緊著阿英的手，忍住分離的苦。

到西元一八九七年五月八日截止，離開台灣前往中國的，大約有六千五百人，其中有的是像林姓地主，主要是為了自保，也有的是打算先避開日本人的箝制，到大陸培養實力或尋求協助，以便將來為台灣做一點事！

• 一九〇五年，日本打敗俄國，躍升爲世界強國，對台灣的治理也趨向強硬，採高壓、搾取的方式，以培植日本國內的產業。

一八九五年，日人從北門進台北城的景像。

言論風波

日本據台初期，建立警察制度監控人民，並強制推行日文教育，企圖同化台灣人，使得台灣人陷入極大的不自由。

許福地捧著一個大西瓜，往王先生的家走去。他是個十五歲的少年，為了家計幫人照顧瓜田，最近西瓜收成，雇主送他好幾個西瓜，他挑了最大的，準備送給王先生。

王先生是義學的教師，學問很好，個性很剛直。許福地沒辦法去上學，卻最喜歡在下了工，到王先生家聽他說故事，說做人的道理。

•一八九六年，日本占領台灣的第二年，正式在台北設立日語學校。

到了王宅，王先生收下西瓜，不但沒有高興的神色，反而一臉凝重。

「先生，您怎麼了？」

「我擔心台灣的未來呀！照日本人的教育方針，我怕將來台灣人都滿口日語，而不會說漢文了。」

「有這麼嚴重嗎？」

「當然有，你看，他們先設國語傳習所，推行日文教育，現在又把傳習所改成公學校，再不久，說不定就會禁止教漢文了……唉！不說這些了，來，我把西瓜切了，我們一起吃吧！」

正當王先生切著西瓜時，四腳仔劉金水正陪著日本警察鈴木健一郎，巡視到這兒；這年是西元一八九八年，日

•日軍占據台灣後，在全省各地設置警察官吏派出所，除辦理戶口登記及保甲外，也包辦一般的行政事務，台灣因此被譏爲「警察王國」。

本政府已經在台灣設置了很嚴密的警察網。

劉金水討好的向鈴木說，要去向人要一杯茶讓他解渴，然後就大模大樣走進王先生家，「有西瓜！太好了，快奉上兩片來，給我和大人解渴。」當時人們稱呼警察為大人。

「這……這是要給王先生一家吃的。」

「哼！大人要吃你的西瓜，是你的福氣，還不趕快奉上？」

「大人就能隨便壓榨民脂民膏嗎？如果是這樣，百姓是不是更可以不守紀律了。」王先生義正詞嚴的說。

「好，好，你們有理。不過，給我小心點，別讓我抓到什麼把柄，要不然，就有你們好看！」劉金水怒氣沖沖的走了。

王先生嘆了一口氣，說：「福地，你看，」他指指桌上被切開的西瓜，「很多國家都想瓜分中國，好獲取利益，日本也一樣，它現在得到台灣這一小片瓜，嘗到了甜頭，還會進一步想奪取更多的。更可悲的是，竟然有不少台灣人，幫著他們把這片瓜的汁液，一點一點的榨乾！」

王先生沒有想到，劉金水因為把一把傘忘在門口，而折了回來，正巧聽到他所說的話。

劉金水一臉陰險的走進來，嘿嘿冷笑的說：「王先生，你的言論有反動的成分，說政府榨乾人民，這分明是動搖民心嘛！好，這下讓我抓個正著，我這就去請大人來把你帶走。」

・日本對台灣的教育重點，只培養忠心守法的國民，所以禁止台灣子弟習政治學、法律學、哲學等人文、社會科學。

•日本的殖民教育，在據台前期，教台灣人學習日語，但不禁漢文，也不強迫剪辮子。但到了中日戰爭爆發日人開始實施「皇民化」，全面禁絕漢文。

「別這樣，我家裡還有好多個西瓜，統統送給你，送給大人……」許福地跑向前，抓住劉金水的手。

劉金水用力甩開他，得意的走了。「先生，你快逃吧！」

「逃到哪裡去？況且，我又怎麼能棄家人不顧？再加上現在實施保甲制度，一個人要是被扣上犯罪的帽子，大家都要跟著受罰。我實在不能自己遠走高飛，卻讓無辜的鄉親承擔刑罰。」

「罪由我來擔，就說話是我說的。先生快走呀！」許福地一心擔憂著王先生落入劉金水手中，會很不好過。

王先生搖搖頭，「不行，不行……」

這時，門外響起劉金水的聲音，「大人，就是這裡。」

他們滿口都是煽動的話……」

許福地一看催不動先生，於是一溜煙從後門跑走了。

當鈴木與劉金水押著王先生往派出所走去時，迎面出現黃大爺；他是這兒的富翁，產業多，勢力也大。黃大爺的身邊，是許福地。原來，他是跑去求救兵的。

黃大爺滿臉笑意的跟鈴木和劉金水作作揖，「怎麼了？這個老頑固冒犯你們啦？唉！真是的，讀書人就是死腦筋，又比較念舊，沒辦法接受新的轉變和事物。看看，自從我們聖明的天皇接收了台灣，推行了很多的好制度……像鈴木大人，你們多盡責呀！到處巡視維護治安，對待百姓又親切有禮。還有，保甲制度更是好得沒話說，把男丁集合起來訓練，負責鄉里的防火、防災、守望等事

•日據初期，台灣被分成三個區域管理。第一區：西部平原；治安良好，由警察管理。第二區：抗日分子活動不穩定區，由警察與憲兵共同維持。第三區：抗日分子根據地的危險區，由軍隊管制。

項，讓大家的生活很安定，很有保障……」就像黃大爺說的，警察制度與保甲制度的確使得社會秩序井然，不過，它也正是日本政府監督、控制人民的利器。

黃大爺說著拍拍鈴木的肩，「這個老頑固，只是一時糊塗，亂說話，請不要跟他計較了，走，去我家喝茶吧！然後嘗嘗我家的好酒好菜。」

由於黃大爺是地方上很有權勢的人，日本政府在占領台灣初期，各地的局勢還不怎麼穩定，因此對這類的人物，都儘量採取拉攏的低姿態。鈴木看黃大爺都出面求情了，而且，事實上王先生也不是真的觸犯了嚴重的刑則，所以，他就跟劉金水說：「放了他吧！」

「算你走運！」劉金水放開王先生，呸了一聲，然後又滿臉媚笑的向黃大爺直哈腰。

看著黃大爺、鈴木和劉金水漸漸走遠。王先生深深的嘆了一口長氣……

農民工作情況

抗日英雄的命運

西元一八九六年，柯鐵在中南部山區，建立抗日基地，與日軍長期抗爭。後來，日本政府以欺騙的手段，擊潰了這一股勢力。

大批的日軍，正帶著槍械彈藥，在夜色的掩護中，從斗六出發，悄悄向大坪頂接近；這是一次突襲抗日義軍的行動。

聚集在大坪頂的抗日義軍，是由柯鐵與簡義所領導的。此時，是西元一八九六年的農曆年尾，這兒已經是個十分有規模的反日根據地了，山上有竹編的籬笆做屏障，

•當年對抗日軍的義軍，缺乏軍備，初期只能以鐵鍬、竹槍、木棍和義勇的精神，與現代化裝備的日軍搏鬥。

・簡義是抗拒日軍南侵的雲林義軍首領。柯鐵、柯鐵父子是豪俠之士，他們以雲林的鐵國山（大坪頂）爲基地，以游擊方式攻打日軍，給予日軍嚴重的打擊。

有利用木頭架起的棧道，並且，每隔一段距離，就設有守望的草寮，險要的地方更放置著大炮。

由於守衛嚴密，不容易攻打，日軍才會採取夜襲的策略；他們分成小隊，各別向草寮進攻。

日軍踹開草寮的木門，就是一陣掃射，然而，在砰砰槍響中，並沒有傳出慘叫聲，「不對，是空寮，沒有人！恐怕有埋伏！」

每一隊日軍都驚懼的撤退！

果然，柯鐵他們早就得到消息，事先埋伏起來。現在看敵方人心大亂，就從前後圍攻過來。

「把日本鬼子打垮！」

「別放過這些毀壞我們家園的惡魔！」

・一八九六年六月，簡義、柯鐵所帶領的義軍大破日軍，連下中部好幾個縣鎮，許多日本軍警聞風而逃。

日軍面對抗日義軍凌厲的攻勢，個個嚇得面如土色，紛紛循著原先進攻的路線，潰逃回斗六。

不過，他們當然不會善罷甘休，很快的，又聚集了更多的兵力，大舉入侵。然而，柯鐵等人已經退進深山當中，使日軍撲了一個空。

為了把這支抗日勢力消滅，日軍在山上紮營，並且設了聯絡站，好與山下聯繫，更修建了道路、房屋以及防禦工事。柯鐵等義軍則經常移防，使日軍抓不準他們的行蹤，而不敢輕易進攻。就這樣，雙方僵持了將近一年。

「再這麼困守在這兒，也不是辦法！」抗日義軍當中有人耐不住了。

「對，我們必須改守勢為攻勢，才能一步步收復台

•日軍惱怒台灣人民的反抗，在中部地區大規模的屠殺、焚燬，據說遇害者達三萬餘人，成爲有名的「雲林事件」。

灣！今年一定要比去年更有作為，不僅從彰化以南打到大莆林，更要打遍全台灣！」在西元一八九六年，柯鐵等一班人，曾攻下了許多地方，使日軍聽到他們的名號，就膽戰心驚，日本政府更是頭痛極了。

由於大坪頂的勇士之中，有許多是被日軍害得家破人亡的，因此，他們聽到有人主張反守為攻，都非常激憤。

「對，趕走那幫倭寇！」

「要他們血債血償！」

而柯鐵等首領也有這樣的打算，不過，個性強悍勇猛的他們，做事並不草率。他們先派人盯住日軍的一舉一動，準備在對方稍有鬆懈時，再出其不意發動攻勢。

時機終於到了！

這天夜裡，柯鐵等人先在各個地方布置好伏兵，接著，派出行動最機敏的勇士，帶著火藥、木柴，潛進日軍的營地中放火。

在外守衛的日軍看到起火了，不禁慌張的大叫：「快起來，失火了！失火了！」

熟睡的日軍，被煙霧、火光、叫喊聲驚醒，也紛紛奪門而逃。

由於只顧逃命，槍械武器根本沒帶在身上，因此，對著抗日義軍躲在暗處所不斷發射出的炮彈，日軍只有挨打的分兒。

「不行了，快逃下山去。」許多日本士兵哀鳴著。

「下山求救兵！快呀！」一名中彈的日軍大叫。

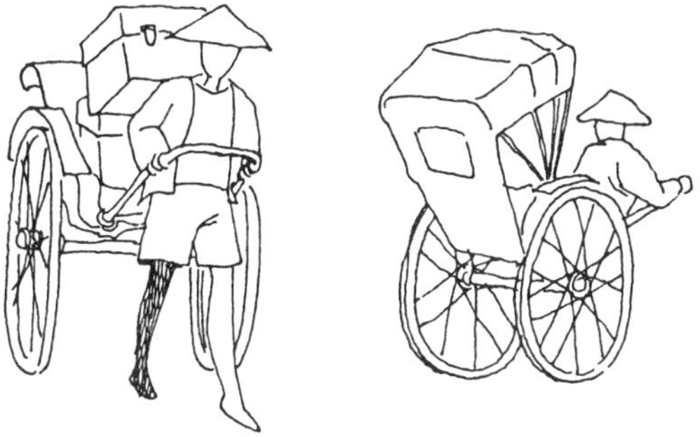

當時重要的交通工具——三輪車。

柯鐵看情勢十分有利，立刻帶頭殺了出來，其他支伏兵也蜂擁衝出，把日本守軍殲滅了一大半，其餘的殘兵則被逼得潰逃下山。

大坪頂又完全成了抗日義軍的勢力範圍。柯鐵他們乘勝追擊，收復了山下周邊的鄉鎮，並和居民約定：他們不會掠奪老百姓的錢財物品，不過，民間必須把原本要交給日本官方的租稅，轉而繳給義軍。

不僅僅是雲林一帶，有柯鐵、簡義據地稱雄，中南部各地也經常出現抗日的起義事件，這可把總督急壞了。

「亂！亂！亂！到處一片亂，這些頑強的百姓，連大軍也壓制不了。」這時的台灣總督是第四任的兒玉源太郎。「為了平定他們，這兩、三年來，已經增兵許多次，

・後藤新平是留德的醫學博士，從一九〇〇年起，在台灣進行大規模的調查，展開各項社會基礎建設，爲日本殖民政府奠下深厚的基礎。

並且不斷追加軍事預算，又制定一些新的措施，皇軍傷亡人數不計其數，至今卻仍然沒有進展！現在，國內已經沸沸揚揚，說什麼台灣很難治理，不如讓給別國算了。不行，我得好好想個辦法！」他對民政長官後藤新平說道。

「是，是得想個萬全的計策……」後藤新平應道。

日本政府果然又採取另一個新的做法：一方面派兵鎮壓，一方面動用地方上有權有勢的人士……

柯鐵的陣營這兒，這天來了一個地方的仕紳。

「您今天到這裡來，有什麼事呢？」柯鐵開門見山的問。

「我來看看，來看看……你們的日子不好過吧？又常常要與日軍正面衝突……」

•日本當局採用懷柔的政策，利用漢奸，誘降簡義。柯鐵仍然不屈，與南部的反抗軍聯合，在雲嘉南附近打游擊。

柯鐵警覺的看了他一眼。

那位仕紳立刻解釋道，「我知道，你們是義軍，所做的一切都是為了台灣著想，不過，像現在這種情況，如果你們來硬的，日本那方面只會更強化軍事鎮壓，雖然，你們向人民徵糧，向清廷那兒買武器，一時半刻是抵擋得住，但時間久了，你們是一定敵不過日本人的，況且，兩軍作戰，最可憐的就是百姓了，簡直沒有一天好日子過！」

「你是來勸降的？」柯鐵豁一聲站起來；前不久，他的好夥伴簡義已經被勸降了，但柯鐵才不甘心做個降兵！

「您別誤會，我只是來提個建議。如果，你們肯休

・一八九九年三月，柯鐵和日軍成立對等的和議，日軍承認柯鐵的勢力範圍，和他在該區的權力。

兵，日本政府願意讓你們取得自治權，這樣，你們不就可以喘一口氣，好好養精蓄銳，等勢力更壯大的時候，再一舉……嘿嘿，你知道了吧！」

「給我們自治權……」柯鐵沈吟著。

「這是個好機會啊！況且，我相信不論是義軍或百姓，大家都已經厭戰了，十分渴望有安定的日子過。」仕紳在一旁慫恿著。

「我再好好想一想。」柯鐵蹙著眉說。

「這是應該的，那我三天以後再來。」

那位仕紳離開後，柯鐵陷入苦思中。

最後，他決定依照仕紳的建議去做。不過，為了確保停戰之後，他們能充分享有自治權及其他權益，他在談判中以戰勝者的姿態，提了不少條件，而日方都答應了。

於是，柯鐵將手下的人馬都解散，讓他們各自就業，重建家園去了。

柯鐵作夢也沒想到，這個事件從頭到尾都是個騙局，日方要的就是，讓抗日軍解除警備狀態，好各個擊殺、剷除！

後來，柯鐵聽到日本政府要對付他的風聲，他先是不能相信，隨後十分震怒，「可惡的日本賊，竟然採取這麼卑鄙的手段，而我卻愚蠢得去相信他們。」

為了保住性命，好東山再起，柯鐵便急急躲進深山裡避難，然而，躲過了日軍的追捕，卻躲不過病魔的侵襲，柯鐵竟然病死在藏身的地方。

西元一九〇二年，日方展開大力的掃蕩行動，把中部抗日的志士，以誘捕或暗殺等方式，消滅了好幾百人。

另外，在這次的掃蕩中，其他地方的義軍首領，如鳳山的林少貓和北部的簡大獅，也都逃不過一死的命運！

•林少貓是屏東地區義軍的首領，曾在一八九八年十二月突擊潮州，殺日本辦務署長及警員多人，一時聲威大震，但因軍備武器的缺乏，後來幾乎全部殉難。

•簡大獅，台北士林人，個性豪爽，講義氣。在日據初期，於北部積極抗日。

當時日軍的打扮

連橫與台灣通史

台灣的史料缺漏不全，連橫積極走訪各地，搜集資料，下筆著作，西元一九一八年終於寫出「台灣通史」，爲台灣歷史留下完整的記錄。

台南的連宅，占地很廣闊，翠綠的竹子所圍成的籬笆內，種滿了四季的花卉。

這時正是十月，各種花朵盛開，姹紫嫣紅，十分熱鬧美麗。十二歲的連橫，幫著父親把桃花、菊花、蘭花從枝頭上剪下來，父親要把它們合插在大花瓶中呢；連橫的父親已經從商場退休，讀書和種花是他現在的生活重心。

・連橫的父親——連永昌，很疼愛連橫，因而送給連橫「台灣府志」一書，並告訴他：「你是台灣人，不可不知台灣歷史。」而引發連橫爲台灣修史的動機。

連橫家族是在康熙年間，從漳州遷居到台灣的，當時，明朝被滿州人推翻不久，連家仍然將明朝當做正統，看清朝爲異族政權，因此，雖然被清人統治，卻不肯做清朝的官員，只是致力讀古書，希望延續漢人的正統文化。幾代傳下來都是這樣。

父親把一簇剪下來的菊花，暫時插在水桶裡，然後問連橫：「你看三國演義，看得怎麼樣了？」

「看了好些啦！關公的忠勇真是令人敬佩呢！華佗替他刮骨療傷那一段，更顯出他的不平凡來……」連橫回答道。

父親點點頭，「忠誠，是一個人必備的德行，國家要強盛，靠的也是人民的忠貞……你應該要學習關公的精神

・現今台南地方法院的院址，是連橫家馬兵營故居，曾提供給劉永福作爲抗日軍事指揮部。更早以前是鄭成功在台南的軍隊駐紮地。

與氣節，知道嗎？」

「嗯！我知道。」

連橫的父親最喜歡閱讀春秋、戰國策、三國演義，這類忠孝節義的書籍，並把其中的道理說給連橫聽；連橫因此深受薰陶。

連橫十二歲前，該讀的啟蒙書都讀遍了，十三歲時，父親更親自教他讀書。一天，父親拿了一本台灣府志，對連橫說：「你身為台灣人，不可以不知道台灣的歷史風土種種，這本書你好好讀一讀。」

「孩兒知道了。」連橫接下台灣府志，仔細看過，卻覺得記載並不詳盡，而且有些偏頗的地方。

他把自己的感覺對父親說，「這本書好像有不少錯誤

•一八九〇年，當連橫立下為台灣修史的志願時，日本國內公布「帝國憲法」，並實施首次選舉，成立國會，開始議會政治。

呢！文詞也不是用得很恰當，所寫的僅僅是清朝一代的台灣史，太不周全了嘛！更糟糕的是，鄭成功的事跡不但沒有詳細記錄，還把他們當做海賊，實在太氣人了！」

由於連宅的所在地，是以前鄭成功曾經駐紮的營地，再加上，連家對鄭成功在台灣恢復明朝的正統，十分推崇，所以，父親從連橫很小的時候，就跟他講了很多鄭成功的功績，連橫才會在看了台灣府志之後，有這麼強烈的反應。

父親對連橫說：「很好，你讀一本書不會全然相信書上的字句，還能自己思考、判斷，很有進步喔……我讀台灣府志的感受跟你一樣，不過，台灣的史料就是這麼缺漏不全哪！應該有人好好為台灣寫史的。」

「為台灣寫史！」連橫喃喃念著，心中彷彿一亮，

「對，我要為台灣寫一部周全又公正的歷史！」

「這可不是件簡單的事。」父親對連橫說出了這樣的話，感到有些訝異，卻十分欣慰。

「我知道，可是一定要有人來做啊！」連橫以堅定的語氣說道。西元一八九五年，清廷把台灣割讓給日本，當年，連橫的父親去世了。由於連橫的舅舅是大商人，對他與他的母親十分照顧。後來，連橫又與與舅舅的女兒結為夫妻。

雖然在異族的統治下，連橫並不因此忘記自己是漢人，更開始實踐自己的志願——為撰寫台灣史做準備，他一邊到報社擔任記者的工作，一邊積極蒐集台灣的歷史資

•連橫擔任過台澎日報社漢文版的主筆，創立福建日日新報，鼓吹反清。後來，又主持台南日報漢文部、台灣新聞漢文部，爲他的台灣通史奠下良好的基礎。

料，同時，和一些文人參與詩社的活動。

西元一九一二年，清廷被推翻，中華民國創立，連橫十分興奮，決定到大陸遊歷。出發前，台中的朋友在瑞軒替他送別。大家喝得很盡興，也都有一點醉意了。

「各位，」連橫舉著酒杯，站了起來，「古人說讀萬卷書，行萬里路，是人生最快意的事了。我愛讀書，也愛遊歷，並且即將效法司馬遷，遊遍大江南北，讓自己的見識眼界更加開闊……況且，民國剛剛建立，到處充滿革新的氣象，可看可學的地方一定多得很。今天，你們能抽空來替我踐行，我很高興，現在我就用這杯酒，來表達我的感激。」

連橫這次前往中國，一共以三年的時間，遊歷十一個省分。每當他前往的地方，有革命先烈的史跡，他總會徘徊很久，並動筆寫文章、作詩，來記述事實或抒發情感；因為在他的心中，對打倒滿清腐敗政權的志士，有著深深的敬意。

他也一再告訴自己：雖然不能學習那些勇士，以拋頭顱灑熱血的方式，將台灣自日本人手裡奪回來，可是，憑著一枝筆，保留下台灣的文化歷史資產，也可以創造出一股力量，維繫著台灣不被異族覆亡。

後來，連橫更進入清史館，把有關台灣建省的各種檔案都仔細閱讀、抄録。

回到台灣，他繼續從事記者的工作，並一邊發表文章，編輯書籍，進行台灣史的寫作，到了西元一九一八年，終

・一九〇〇年，國父孫中山先生來台北，以台北爲基地，指揮惠州起義，連橫因爲心儀孫中山，曾說：「孫中山叫『孫文』，我便是『武公』。一文一武，各在南北。」

於完成了台灣通史。不過，連橫可沒有因此就覺得足夠，他還積極整理台灣文獻，編撰台灣語典，可以說把一生都投注在台灣的文化保存事業

•「台灣通史」全書共有三十六卷，六十多萬字，上自隋朝，下至台灣割日，長一千二百九十年。於西元一九二一年全書刊印完畢。

•連橫畫像。

農民的怒吼

西元一九一二年竹農被迫不能在自己的竹林砍竹、挖筍，於是，有人聚衆抗日，雖然並未成功，卻喚醒農民爲自己爭權益的意識。

在林圯埔支廳裡，聚集著許多靠種竹子為生的農民，他們在不久前收到一分通知單，要大家帶著印章，到這兒集合；由於單子上頭並沒有說明召集的原因，所以農民們都感到很不安。

「到底有什麼事呀？」

「對啊！我的眼皮猛跳個不停，真怕有什麼壞事情發

•林圯埔即現在南投縣竹山鎮。因爲鄭成功的部屬林圯將軍曾奉命在此駐守，後爲番人所殺，居民爲了紀念他，將此地命名爲林圯埔。林圯的墓至今仍保存在竹山鎮內。

生！」

農民們哄哄亂亂的，惹得警察們頻頻喊著：「靜下來！靜下來！」

不久，集會的主持人——佐竹支廳長走了出來，並且開口說道：「各位……」

大夥兒都安靜下來，把眼光投注在支廳長的身上。

支廳長環視著大家，繼續說道：「我要宣布一個好消息，你們所種植的竹林，整個台灣島沒有其他的地方比得上，不但竹子的品質優良，竹林所形成的景色也非常優美，所以，總督府打算把它列為模範竹林，做永久的保存……」

農民不由自主的騷動起來。

•爲了增加財政收入，日本剝削台灣農民，強占台灣殖產，首先大量廉價收購土地，接著大力支持在台灣的日本企業，並且將台灣大部分的山林畫爲官有，以享受豐富的利益。

「什麼，這樣不就不能砍竹子，編竹簍去賣了！」

「對啊！也不能挖竹筍，那生活要靠什麼呀？」

「大家別擔心，」支廳長高聲叫道：「今後竹林的採伐和生產都可以比照以前，而且，總督府為了褒獎各位以及你們的祖先，幾代以來盡心盡力栽培竹林，將頒發給你們補助金。對於這分大恩德，大家一定要接受，更要心存感謝！」

這時，警察們立刻把一分分寫了各人姓名、住址的紙張，分發給每個人，要他們在上頭蓋章。

農民們你看我，我看你，都擔心一旦蓋了章，以後的採伐、生產，可能因此受到限制，而影響了生計。

「還不快蓋章！」警察們看大家沒有被甜言蜜語所迷

•爲了利益，日本警察利用傳票，召集農民，強迫他們蓋章。甚至強迫現場刻印章，使農民沒有藉口不蓋章，造成許多怨言。

•有了日本殖民政府的支持，日本的三井、三菱、藤山成爲大企業。三菱公司除了躋身台灣糖業二大之一，並取得台灣樟腦的專賣，獲取豐富的利益。

惑，態度立刻轉為強硬。

他們更把會場的門窗都封閉起來，並加派警力，把外頭團團圍住，並且恐嚇農民，沒有蓋章的，就不准回家，還要被關進監牢。

「看樣子，跟他們作對，不會有好下場！」

「說不定還會把我們全殺了！」

驚慌恐懼的農民們，只好一一屈服了。

除了林圮埔之外，同樣的，在西元一九〇八年九月間，斗六、嘉義的竹林，也在日本政府軟硬兼施下，被編為所謂的模範竹林。

之後，在總督府勢力的支持下，三菱企業變為這些模範竹林的主人，在林內設立了竹紙製造所，從事採竹、造紙的事業，而竹林內的一根枯竹、一堆落葉，都成了三菱的管制範圍，農民根本不能像以前一樣利用竹林的資源。他們的生活失去著落，被欺騙所產生的憤怒，與對未來的茫然，逼著他們連自己會做出什麼事來，都不知道！

這天，農民林啟楨偷偷潛入竹林，他想神不知鬼不覺的砍一些竹子回去。

密密的竹林裡很安靜，只有微風拂動竹葉的沙沙聲。林啟楨看四下無人，立刻以最迅速的動作，砍起竹子來，並頻頻向四周探看，是否有警察或日本人的蹤跡。偏偏，這時一位警察在附近巡視，他聽到砍竹聲而走了過來。

「你在做什麼？」警察一看砍竹的人是個農民，便大

・一九一〇年後，日本殖民政府花了十六年的時間，調查台灣的山林，整理官有林地。結果有百分之九十以上的山林被查定爲官有，並撥給日本資本家，立法保護。

叫著奔向前。

林啟禎來不及逃走，被警察一把揪住。

「你好大的膽子，竟敢在公有地上頭偷砍竹子！」警察，一拳揮了過去。

「公有地？這是我們辛辛苦苦開墾、種植出來的，是你們霸占了它，還……」林啟禎話還沒說完，又挨了好多拳頭。

「你們日本人太可惡了，先是土地調查，現在又是林野清查，根本是要吸乾農民的血……」林啟禎不管巡查的毆打，憤怒的大叫。

警察火了，一腳重重踢倒林啟禎，「反了！反了！我要把你抓回去治罪！」他叫吼著撲了過去。

•以林圯埔爲起點的八通關古道，是光緒元年（西元一八七五年）正月，由總兵吳光亮率領粵勇，費時十一個月完成的，全長共二百六十五里，對早期台灣的東西交通有很大的幫助。

林啟楨順勢從地上拿起被他砍下的竹枝，猛地往警察的腳部用力一掃。

「唉喲！」警察跌在地上，慘叫一聲。

負傷的林啟楨，乘機跌跌撞撞的逃出竹林。

林啟楨不敢回家，東躲西藏過著亡命的日子。

一天，他得到風聲，知道在大鞍莊的山裡，有個人叫劉乾，蓋了一間草寮祭祀觀音菩薩，並且供信徒膜拜。而劉乾也常常祕密的散布反日的言論，得到不少鄉民的支持。

「不如去投靠他吧！也許可以聚集一股力量，給日本人一點顏色瞧瞧！」林啟楨想著，就往劉乾所居住的地點趕去。

•一九一二年，台灣農民策動林圯埔事件時，日本的明治天皇去世，由大正天皇即位。

•農民。

他與劉乾一見面，可說是十分投機。

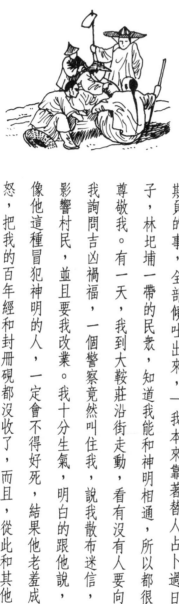

林啟楨說出自己的遭遇和憤怒，劉乾也把他被日本人欺負的事，全部傾吐出來，「我本來靠著替人占卜過日子，林圯埔一帶的民眾，知道我能和神明相通，所以都很尊敬我。有一天，我到大鞍莊沿街走動，看有沒有人要向我詢問吉凶禍福，一個警察竟然叫住我，說我散布迷信，影響村民，並且要我改業。我十分生氣，明白的跟他說，像他這種冒犯神明的人，一定會不得好死，結果他老羞成怒，把我的百年經和封冊硯都沒收了，而且，從此和其他管區的警察聯合起來監視我，不讓我繼續為人占卜。」

「實在欺人太甚了！」林啟楨忿忿的說。

「是啊！所以我才不得不躲起來，祕密糾集信徒，好讓人們能夠持續對神明的禮拜。」

由於他們的境遇類似，而惺惺相惜，而且開始謀畫以具體的行動來抗日。

西元一九一二年三月二十三日，劉乾和林啟楨以神明的旨意為號召，指示十二個村民，攻擊頂林派出所。一行人打破了派出所的大門，在睡夢中的警察來不及抵擋，被殺了三人。

事情發生後，林圮埔支廳立刻發動警察隊與保甲團壯丁，展開大規模的搜山行動，陸續把劉乾、林啟楨及其他參與叛亂的人，統統抓了起來，並依照「匪徒刑罰令」給予判決、處刑。

林圮埔事件，是日據時代農民的第一次武力抗爭，隨

•殘酷的「匪徒刑罰令」規定，凡是以暴行、脅迫，結合群衆、或教唆、參與謀議、指揮者，都處以死刑。台灣人民因爲這項規定而被殺戮的數量，達一萬一千九百五十人。

後，又引發了一連串的抗議，大家高喊著要收回原有的權益，更以拒付租稅，不履行保甲義務，以及示威等手段，希望改變自己農奴的命運。只不過，這一切的努力，終究還是沒有爭回什麼！

•林圯埔有許多竹林。

革命思想傳過海

西元一九一三年中國革命成功後，羅福星等人也將這股思潮，在台灣化爲具體行動，使得對日的抗爭融入革命的色彩。

台北的大稻埕，有幾個反日分子正在祕密聚會。

「召募黨員的行動，進行得還順利吧？」羅福星開口說。他曾接受　國父革命思想的洗禮，並參與推翻滿清政府的武昌起義，現在，他則將革命思想帶到台灣來，並積極籌組抗日的組織。

「我這兒的成果不錯。」付清鳳把幾分入黨的申請

•羅福星將支部設在苗栗，以台北大稻埕的大瀛旅社爲聯絡處。這個旅館位於現在的延平北路附近，但已無跡可尋。

書，拿給羅福星。

為了怕泄漏事跡，申請書上的姓名都是假的，並蓋上假印章，連用詞也完全使用約定的暗語，例如募集人以「走希人」代表；台北叫做「北部酒」；敢死軍稱為「電話」……

「我也在積極運作著，有幾個很優秀的人，都十分有意願，就是要進一步細談。」謝德春說道。

「嗯！」羅福星點點頭，「台北、基隆、新竹、桃園這些地方的情形，都相當不錯，募集的黨員中有隘勇、巡查補、保正、甲長，還有鐵路、郵政單位的員工，甚至總督府當中的行政人員，也被我們吸收進來了，這對情報的掌握和黨務的推展，都十分有幫助。」

・當羅福星在台灣積極策畫反日時，在美洲，連接大西洋與太平洋的巴拿馬運河鑿通了。亞洲則有印度詩人泰戈爾得到諾貝爾文學獎。

• 羅福星畫像。

羅福星頓了頓又說：「不過，大家還要更努力一些，儘快把組織擴充得更具規模，要不然，日本政府對台灣人民的殘害，很快的會愈來愈暴烈……現在他們就像在剝我們的皮一樣，今後的四、五年，則會削去我們的骨肉，再八年、十年，連骨髓都會一點不剩的被他們吸走的……所以，我們一定要十分積極，儘可能讓百姓知道日本人毀滅台灣的陰謀。

謝德春也忍不住發言了，「是啊！日本人實在太可惡了，他們把一切有利的事業都收歸公有，人民辛辛苦苦的做點小買賣，就要課重稅，就連當日本人的奴隸，幫他們做事做得要死要活，所得到一點點的薪水，也逃不過壓榨！」

．一九一三年，台北市開始通行公共汽車。

「世界上任何一個殖民地，沒有像台灣一樣苛捐雜稅這麼多的……」羅福星搖搖頭。

「還有什麼保甲費、警察費、壯丁費要繳……，人民的生活真不知道要怎麼過下去！」

他們十分激憤，並一心希望藉著傳布革命思想，把人民的力量糾結起來，效法　國父推翻滿清政權，把台灣的日本勢力一舉打倒。當西元一九一三年，羅福星在北部一帶，緊鑼密鼓的進行祕密組黨，阿罩霧的張火爐，東勢角的沈阿榮、賴來，也在辛亥革命的激發下成立反日團體，而台南的關廟亦有一支抗日勢力正在發展，帶頭的人叫李阿齊。

李阿齊的父親，在日軍對「土匪」的討伐戰爭中被殺

害，李阿齊為了報仇，向鄉民斥責日軍的殘暴及政府的高壓手段，並聚集了十多個人，準備進攻台南。

在舉事之前，李阿齊對同黨說：「我要求大家把頭頂心的頭髮紮成一束，其餘的頭髮則全部剃掉，好作為同志之間互相辨認的記號，這樣一旦開打，在紊亂的場面中，彼此才能夠互相呼應，也不至於發生自己人誤傷自己人的事情。」

大家照著李阿齊的指示做了，沒想到，這個措施竟然引發關廟支廳的注意。

關廟支廳長接獲了報告，說部分村民剃了奇怪的髮型，他沈吟著說：「這件事恐怕不簡單，聽說新竹那邊傳出了革命黨暗中活動的消息，可是，總督府一直掌握不到確實的證據，沒辦法抓人！現在，關廟這兒出現模樣怪異的人，而且是一夥人：這……很可能有聚衆謀反的嫌疑，說不定還與北部那兒有所串連。」想到這裡，他立刻大聲下了命令：「快！掌握住這些人，好好的調查調查。」

「是的。」警察聽命辦事去了。

支廳長則盤算著，等查出了罪證，得快快把事情上報總督府。

在十萬火急的追查下，李阿齊等人密謀起義的事，爆發了出來，總督府非常緊張，立刻嚴令警察單位，積極在可疑的地區，展開最周密的搜索調查，這才查出革命活動已經蔓延到了全島！

日本人哪能容得下這些反叛力量的存在，在西元一九一三年十月上旬，總督府宣布全島嚴加戒備，並且不分日夜展開逮捕嫌疑犯的行動。

各黨的首領和成員紛紛落網，羅福星計畫逃往大陸避難，卻不幸在淡水被捕。

在法庭上，羅福星慷慨激昂，不肯承認自己是有罪的，也沒有絲毫畏懼、後悔，他說：「我是為台灣同胞爭取自由與權利而死，雖死猶榮！而我的父母、妻子，知道我獻身革命的心意，也會諒解我丟下他們，先走一步的……」

而李阿齊、沈阿榮、張火爐等人，在面對法官的審問，甚至聽到判決時，也沒有現出懼怕的模樣。

這次審判所牽涉到的活動，通稱為「苗栗事件」，這

•一九一四年（民國三年）三月三日，羅福星在台北被執行絞刑時，留下絕筆書：「不死於家，永爲子孫紀念；而死於台灣，永爲台民紀念耳！」羅福星死的時候才三十一歲。

些人雖然大都還來不及起義就犧牲性命，然而，革命的火種卻不是靠鎮壓、酷刑，就能輕易撲滅的！

•日本殖民政府積極搜捕抗日分子的同時，日本國境內卻發生數萬民眾包圍議會的示威暴動，迫使桂太郎內閣倒閣。這是日本政治上首次以民眾運動的方式倒閣。

霧峯林家三少爺的理想

林獻堂受梁啓超的影響，決定以溫和的請願路線，爲台灣人爭權益，開創了武力對抗之外的另一條改革之路。

台中霧峰的林家，是台灣的一大望族。

林家的三少爺林獻堂，二十歲就開始接管家裡的事業，二十二歲出任霧峰區長。他一直希望替台灣人做一點事，爭回一些應有的權利，不過，卻不能確定該朝著什麼樣的方向去做。

二十七歲這年，林獻堂到日本旅遊，知道了戊戌政變

•霧峰林家的祖先林朝棟，因爲在中法戰爭中募集鄉勇，幫劉銘傳擊退侵台的法軍，因而得到台灣樟腦的專賣權，變成巨富。

•梁啓超，別號「飲冰室主人」。光緒二十四年，與康有爲、譚嗣同鼓吹維新變法失敗，逃亡到日本辦報。回國後，全心致力於教育文化事業，一直被認爲是學術界的領導者。

的要角梁啟超，當時也在那兒，就打算去拜訪他。然而，由於只曉得梁啟超經常住在神戶，確切的住址，則要到了那裡，再找一位湯覺頓先生打聽，因此，林獻堂便帶著祕書甘得中，一邊遊覽，一邊前往神戶。

途中，他們在奈良的一家旅舍落腳，甘得中在翻閱旅客名冊時，有了意外的發現。

「咦？有中國人住在這兒呢！潘博、陳筥笙……」甘得中喃喃念著：「啊！陳筥笙不就是新民叢報的發行人嗎？他說不定知道梁啟超先生住哪兒……他的房間在……在三樓。」

甘得中跑上三樓，遇上一位女服務生。

「請問有位陳筥笙先生的房間在哪裡？麻煩您帶我去

•林獻堂畫像。

好嗎？」甘得中拜託女服務生。

女服務生以不耐煩的語氣說道：「你自己去呀！我可是很忙的。」

「你這是對客人應有的態度嗎？」甘得中生氣了，「真是太沒有禮貌了。」

這時，有個人把房間的紙門拉開，探出頭來問道：「發生了什麼事？」

甘得中覺得這個人很像中國人，於是立刻說：「真對不起，我在找一位從中國來的陳筥笙先生，希望向他打聽梁啟超先生的住處……喔！我們是台灣來的，對梁先生很仰慕……」

那個人先是顯出訝異的模樣，然後微笑著說：「我就

●梁啓超畫像。

是梁啟超，請進來坐坐吧！」

「啊！您是梁先生？」甘得中意外的叫道。

梁啟超點點頭；他住進旅店時，是用假名登記的，所以，名冊上沒有「梁啟超」這個名字。

甘得中高興的說：「我還有一位朋友，請容許我去通知他一聲，再和他一起來打擾您。」

於是，甘得中請來了林獻堂。

梁啟超不懂台語，林獻堂也不會說北京官話，所以，就由甘得中擔任翻譯，不過，因為不能暢快的溝通，後來乾脆改成筆談。

林獻堂向梁啟超請教，他對台灣人民爭取自由，有什麼樣的看法？

•梁啓超認為，台灣應該學習愛爾蘭，走議會自保的路線，取得參政權後，就能與日人分庭抗禮了。

梁啟超的回答是，「中國在今後的三十年之間，絕對沒有能力幫助台灣爭自由的，而在沒有外來援助的情況下，動武只會造成無謂的犧牲。比較好的方法是，與日本政界的要人結交，建立良好的關係，用來牽制台灣總督府的力量，使它不敢過分壓迫台灣人。」

這些意見深深烙印在林獻堂的心中，並影響著他決定往後該走的方向。

林獻堂與梁啟超告別時，邀請他到台灣一趟，梁啟超也答應了，並且在四年之後成行。

西元一九一一年二月二十八日，梁啟超所搭乘的船，在基隆碼頭靠岸，林獻堂親自去迎接，並在台北東薈芳旗

・梁啓超在霧峰林家的萊園以詩酬謝大家：劫灰經眼塵塵改，華髮侵頭日日新。破碎山河誰料得，艱難兄弟自相親。

亭，舉行盛大的歡迎會。

後來，林獻堂邀請梁啟超到他的家中作客。

在到達霧峰的第二天，梁啟超特別向林獻堂，和林獻堂的姪子林幼春提醒道：「你們可不能甘心做個文人，要努力研究政治、經濟，和社會思想各方面的學問才行。」

林幼春表示，「日本對台灣人的教育，只限於語文方面，思想與文化一概不包含在內，所以，大多數的人，頂多只是讀讀四書五經，其他的，就不知道從何處，又該如何來探討了？」

「幼春的求知慾很旺盛，不過，因為台灣很封閉，找不到什麼書可供充實，倒是有些大陸的親戚朋友，常捎來中國最新的思潮、訊息，所以，幼春的思想和知識，算是

•林幼春畫像。

•林幼春，是林獻堂的族人。日據時代，追隨林獻堂致力於抗日活動。因爲飽讀詩書，足智多謀，博得小諸葛的尊稱。

比較前進的。」林獻堂這麼表示。

「不過，還是不夠……」林幼春並不自滿。

「的確，我自己也是一樣，現有的這點見識，實在太不足了。」林獻堂表達了深深的同感。

「這樣吧！我替你們列一些日文書目，如果有機會到日本時可以選購來看。」梁啟超表示。

於是，梁啟超動筆列出三十多種日文書籍，之後，又增補為一百七十多種。

梁啟超在台灣停留的時間，只有短短十多天，可是，帶來的影響卻相當大；不但激勵了民族意識，對思想、學問方面，也帶來新的風氣，使文人不再以熟讀古書為滿足。

而當時正處於摸索階段的林獻堂，也因為梁啟超的點化，而一下子清楚起來，知道該從哪些方面去充實自己，擴展自己的眼界和見識。

西元一九一三年，林獻堂在訪問大陸的回程中，經過東京，主動與明治維新的元老——板垣退助伯爵會面，並請求他出面協助台灣人，爭取平等的地位。

板垣退助答應林獻堂的邀請，到台灣訪問，一邊調查實際狀況，一邊舉辦演講活動。

在演講中，板垣大聲疾呼亞洲人應該彼此合作，他認為在台灣的日本人，應該基於同是亞洲人種的緣故，充分尊重、保護台灣人的生命財產。板垣更表示他這次來，就是要好好調查台灣人和日本人之間的關係，並促進雙方充

• 一九一四年，林獻堂邀集板橋林家、辜顯榮等兩百多位台灣士紳捐資二十四萬八千多圓，創立台中中學。這是第一所專收台人子弟的中學。

• 同化會的目的，在要求台灣人和日本人的平等，對日本盡同樣的忠誠與義務，也享有同等的待遇。

分的同化，讓台灣人也和日本人一樣，享有平等的權利。

這是台灣民眾第一次聽到，自己也有與日本人平起平坐的可能，所以，許多人都非常興奮。

板垣結束訪問，回到東京，在研究了調查的結果，並仔細思考之後，提出成立「台灣同化會」的具體主張。

隨後，林獻堂又前往日本，和板垣商量同化會的設立細節，同時尋求政界重要人物的支持。

年底，板垣再度來到台灣，同化會也在台北正式成立，並在台中、台南成立支部。

在台中支部的成立大會上，仕紳黃純青聽了板垣的主張，感覺到台灣人的黑暗生活總算出現一絲曙光，他興奮極了，竟然劃破自己的手指，寫下這幾個字：同化會就像

．同化會成立不到三十四天，就遭到日方取締。總督府所持的理由是：「台灣民心尚反叛不定，而輕言同化，豈不是痴人說夢話！」

我的慈母！

而其他人對板垣的演講，也都報以熱烈的回應。

不過，總督府可緊張了，再這麼提倡平等下去，台灣人恐怕很快就會站出來，奮力爭取真正的平等地位了。

於是，當板垣離開台灣之後，總督府立刻開始調查同化會的財務狀況，並且逮到「帳款超支」這個小辮子，然後把同化會解散了。

同化會雖然流產了，不過，林獻堂的努力還是沒有白費；他在同化會成立的前後，捐了一大筆錢，要創立一所台灣人的私立中學，後來，總督府把他的申請打了回票，而代以設立專收台灣學生的第一所官立中學——台中中學，使得台灣人和日本人，在教育機會方面，總算稍稍均等了一點。

「台灣議會之父」林獻堂

•西元一九一五年，台灣第一所由台灣人籌辦的「台灣公立台中中學」創校，提供台灣子弟就讀高等普通學校的機會。

南北聯合齊抗日

西元一九一五年台南的余清芳，與北部及山中的抗日勢力，結合爲強大的義軍，卻因機密洩露，引起大搜捕與衆多犧牲。

台南的西來庵，表面上是齋教信徒參拜的地方，實際卻聚集了一股抗日的勢力；領導人是余清芳。

這天，有位信徒為余清芳引見一個遠從台北來的客人；客人名叫羅俊。

余清芳與羅俊一談之下，可以說是意氣相投。

「前幾年我都待在大陸，吃素拜佛，也不管世事了，

•余清芳畫像。

可是，有一天，一個齋友來拜訪我，並且對我說，台南有位年輕豪傑，糾結了好幾萬人，計畫把日本人趕出台灣。我一聽，全身的血液都沸騰起來了。我以前也曾經投身抗日的隊伍，卻不幸失敗了，才因此逃亡到中國的……」

「我聽齋友說過您，羅先生當年在台灣，擔任過私塾的老師，也懂得醫術，是個人才。」

「不不不，余先生才是個才俊呢，又對抗日事業一直很有心，聽說，現在西來庵已經募到不少錢，而且，信徒人數相當多，又對余先生非常信服，甚至連西來庵以外的齋友，也對您十分推崇。」

「目前，我已經可以掌握住南部一帶的反日力量了。」

・余清芳，屏東恆春人。幼時即聰穎異於常人。年輕時擔任過警員，因看不慣日警欺侮台灣同胞，憤而離職，利用宗教團體，結交會友聯合抗日。

•羅俊，雲林斗南人。他見日人濫殺無辜，投靠義軍抗日，失敗後，曾到大陸去。後來與余清芳一起策動抗日事件，失敗遇害，光復後，英靈入祀在台北圓山忠烈祠。

「太好了，我這次來，主要的目的就是希望和您南北應合！我從大陸一回到台灣，就在台北、台中一帶，吸收了一把新的同志。」

余清芳興奮以手擊打桌子，「嗯！這下，日本政權絕對要滅亡了！」

於是，余清芳與羅俊約定好，等到時機成熟，就一起舉事，同生共死為台灣爭取自由。

而羅俊更建議余清芳，在號召同志時，可以對他們說，革命行動一旦展開，會有德國的飛機飛來協助作戰，大陸方面也會有十萬人，來這裡加入抗日陣營。這使得原本以宗教做宣傳的余清芳，更增加了科學性的信服力。

不久，余清芳又經過齋友林吉的介紹，認識了另一位藏匿在深山中的義軍首領——江定，並與他互相結合，就這樣，抗日組織更壯盛了，可以說是遍及全島，聲勢浩大！

不過，在還沒起義之前，風聲卻先走漏了！西元一九一五年五月二十三日，在一艘即將由基隆開往廈門的輪船——大仁丸當中，基隆支廳的警察們，捉住了一名男子蘇東志。

「你們怎麼可以無緣無故抓人？」蘇東志在警察的鐵腕下掙扎著。

「無緣無故？我們有證據，證明你行為不軌。」

「行為不軌？什麼叫行為不軌？你們隨便找個罪名，安在人民頭上，就可以對無辜百姓為所欲為啦！」蘇東志

•江定，台南人，出身望族，因痛恨日人的暴虐，躲到山上，密謀起義。後與余清芳、羅俊結合，成爲當時抗日運動的代表。

•一九一五年，余清芳在台灣策畫抗日運動的同時，世界有名的物理學家愛因斯坦發表「廣義相對論」，推翻牛頓的引力觀念。

大叫道。

其實，余清芳等祕密結社的消息，總督府已經得到風聲了，而且密令全島的支廳，展開大追查，而蘇東志就是台南廳在調查之後，通知要特別注意的人物。

蘇東志被關進監牢，不管警方怎麼逼問，他都不肯說出反日的相關訊息。

他的人在獄中，心裡卻十分擔憂外頭的情況，「看來日本人已經知道了一些事，我得通知同志，讓他們早做防備，」蘇東志思索著，「可是，有什麼方法呢？」

蘇東志隔壁的牢籠，關著一個日本妓女。蘇東志跟她搭訕，探清楚她被關的原因，也知道她即將被釋放。

在守衛不注意時，蘇東志對那個女人說：「有件事想拜託你。」

「什麼事？」女人滿不在乎的應著。

「想麻煩您帶封信出去，幫我轉交，我會請收信人付給你費用的。」

女人攏攏頭髮，「好哇！有錢可賺的事，不做的是傻瓜！」

蘇東志萬萬料想不到，那個女人竟把密函交給警方！

警方根據信中的線索，查出抗日組織不但人數眾多，而且發展得非常完備，不立刻剷除的話，一定會後患無窮，於是，他們隨即展開緊急搜索。

余清芳知道消息走漏，警方甚至到處散發他的照片，要將他緝捕到案。他匆匆和江定等人，逃到噍吧哖的深山

•噍吧哖就是現今台南縣的玉井鄉。當年在此發生的抗日事件，是台灣省同胞武力抗日規模最大的一次。至今，玉井鄉仍設有「抗日烈士余清芳紀念碑」，供人憑弔。

當中。而北部的羅俊也躲起來避風頭。

警方自然不會放過他們，搜山行動大肆展開了。羅定在竹頭崎尖山竹林中被捕，余清芳和江定一批人，則開始對警方反擊；向甲仙埔、大丘園、小張犁、阿里關等地，進行猛烈的攻打。

接著，他們又占領南庄，並重新召募部下，然後決定向噍吧哖出擊。

警察隊得知余清芳的計畫，派出一百九十名警察進入噍吧哖，把余清芳的隊伍集中困在山中，並將他們團團圍住。這時是西元一九一五年八月四日。

第二天，山中響起震天的大鼓與銅鑼聲，抗日義軍不顧日警的槍林彈雨，想硬攻噍吧哖，不過，在慘重的犧牲後，仍然衝不破日本人的防線。

隨後，日警得到了台南援軍的幫助，兩面夾擊抗日義軍，使他們完全潰散。余清芳逃往山中，東藏西躲，最後身旁只剩下十名部眾。

由於總督府特別下令，要嚴格執行保甲制，凡是幫助抗日義軍的人，就與他們同罪，於是，莊民都膽戰心驚，害怕惹禍上身。

余清芳被困在深山中，因為餓得受不了，便對三名部下說：「你們到山下去，要一點食物來讓大家充飢吧！要不然我們遲早全餓死的。」

三名部下聽命離開了，卻一去不復返！

這天，余清芳決定親自下山，他和部下商量著：「我們趁著黑夜到莊裡去，莊民如果不肯給食物，就用槍假裝威脅他們，為了不餓死，只好出此下策。」

部下紛紛同意他的主意；他們沒想到，這一下山，就等於把自己推進險境裡。

深夜時分，余清芳等八人潛入王萊莊，逮住一個莊民，向他要求提供食物，莊民十分友好的說：「沒問題，沒問題。」

有其他的莊民看到這種情況，趕緊通知保甲長。保甲長迎了出來，對余清芳說：「歡迎歡迎！我對義軍一向最崇仰了，來，來，大家先進屋裡好好吃一頓，休息休息，然後，我會安排各位逃到安全的地方，最近風聲還是很緊呢！」

•噍吧哖事件，除了余清芳、羅俊、江定三人被判處死刑外，被台南臨時院起訴者高達二千二百二十九人，九百一十五人被判死刑，其他受牽連的不可計數……

余清芳根本不曉得，這裡正雷厲風行的實行著保甲制度，保甲長爲了自保，表面上殷勤的派家人煮稀飯，並拿出乾淨的衣服，要供他們更換，暗中卻示意莊民在屋外團團圍住。

余清芳等人把身上的武器都放在一旁，開始喝著熱騰騰的稀飯。

這時，保甲長突然大喊一聲，屋外的莊民一下子衝了進來，把余清芳一夥人抓住。

余清芳先是愣了一下，隨後恍然大悟，他大喊著：「你們為什麼要幫日本人呢？你們難道不恨他們嗎？」他的聲音聽起來，是這麼的淒厲，這麼的不甘心……

就這樣，余清芳他們被莊民送往噍吧哖支廳，也被送往犧牲的路途！

•「噍吧哖事件」被捕者被日警押解的情形。

叩頭請願求民主

西元一九二一年林獻堂在日本發起請願，希望爭取台灣人選舉議員的權利，以改善總督府的專制，這是台灣人從政治上尋求改善地位的開端。

日本東京站的電車月台上，有兩名台灣人正在告別。要離開的是蔡惠如；他原本是台中清水的望族，日本人接領台灣後，移居到上海，不過，為了促使台灣人爭得較平等的地位，他經常在福州、上海、東京、台灣之間，奔走出力。

蔡惠如對前來送行的留學生林呈祿說：「新民會剛成

•一九二一年（民國十年），台灣人組織的「新民會」正式在日本東京成立，目的是：從政治、社會、文化思想等方面，和平的、理性的改進台灣的地位。

立，你們要多用點心，而且胸襟要開闊些，別像啟發會一樣，又起了人事摩擦。」啟發會是之前東京的台灣留學生，所成立的愛國組織，蔡惠如在它解散後，熱心的促成新民會的誕生，同時暫時代理會長的職位。

「對了，」蔡惠如從口袋裡拿出一束鈔票，塞到林呈祿的手中。

「蔡先生，您這是……」

「這裡一共有一千五百塊。我們不是決議要發行月刊嗎？一個組織的確要有刊物來傳揚它的思想理念，不過，我知道你們單單是生活費、學費，負擔就夠重的，不可能有餘錢來辦雜誌。」

「可是，蔡先生，您在上海的生意並不順利呀！」

蔡惠如笑一笑，「所以，拿不出太多錢呀！刊物是一定要發行的，就算只有一期，也要好好出刊！」

林呈祿看蔡惠如這麼堅決，只好點點頭，把錢收下。新民會因此有了「台灣青年」這分雜誌的發行。

蔡惠如回到大陸，和中國國民黨和朝鮮民族運動的領導人，積極的接觸，到了西元一九二〇年年底，他又前往東京，當時，林獻堂也來到日本，他們和林呈祿、蔡培火等人聚集在一起，討論往後的方向。

「我不贊成再走同化主義的路線。」林呈祿說。

「嗯！經過思考，我也覺得不該再進行六三法撤廢運動。」蔡培火表示。

「為什麼？當初大家討論過，也都同意廢除六三法，

•一九一五年，胡適主張廢棄文言，提倡白話文，發起文學革命運動。

・六三法是在日本占據台灣的第二年公布的，即經日本國會通過的第六十三號法律，賦予台灣總督律令制定權，使其成爲治理台灣的獨裁者。

是我們共同努力的目標。我相信，只要總督不再具有皇帝般的權利，台灣人的日子就會好過多了。」有人說。

「可是，別忘了，就算沒有六三法，台灣人民還是日本國的一部分，受到日本國內法律的統治，要是我們改變方向，要求台灣自治，由台灣人管理台灣人，這樣才是真平等哪！」林呈祿顯得有些激動。

「話是沒錯，可是談何容易呢？」蔡惠如說。

「我們可以先陳情，要求由台灣人民選出議員，組成議會；議會對日本在台灣實施的法律或預算，有同意和否定的權力！」蔡培火認為現在的條件，還沒辦法爭取完全自治，不如循序漸近來得好。

位居領導地位的林獻堂，靜靜聆聽了不同的意見之後，終於決定採取蔡培火的審慎路線，展開「台灣議會設置運動」。

西元一九二一年一月，林獻堂等人召集了一百七十七個台胞簽名，向日本帝國議會貴族院、眾議院，提出了請願書。請願書即將被送往請願委員會的前兩天，台灣總督田健治郎回到東京，召集了林獻堂、蔡惠如、林呈祿、蔡培火等人。

「你們這是做什麼呢？這等於是要求自治！難道你們不清楚大日本帝國，對台灣的方針是怎麼樣的嗎？帝國把台灣當成國家的一部分，而且與日本本土一視同仁，積極的開發、建設。不論是鐵路、公路、農業、糖業……哪一樣不是蓬勃發展？而你們……你們竟然想把台灣變成自治體，這是絕對不受容許的！」

田健治郎態度堅決的訓誡林獻堂等人，而就如他所說的一般，請願委員會經過審議，對請願完全不採納。不過，這群為台灣請命的志士們並不灰心，決心長期努力下去！

•林獻堂一生致力於抗日活動，甚至爲了設置「台灣議會」，組織請願團。此項請願運動歷經十四年，提出十六次請願。一九四五年十月二十五日舉行的台灣光復慶祝大會，林獻堂被推爲大會主席，當之無愧。

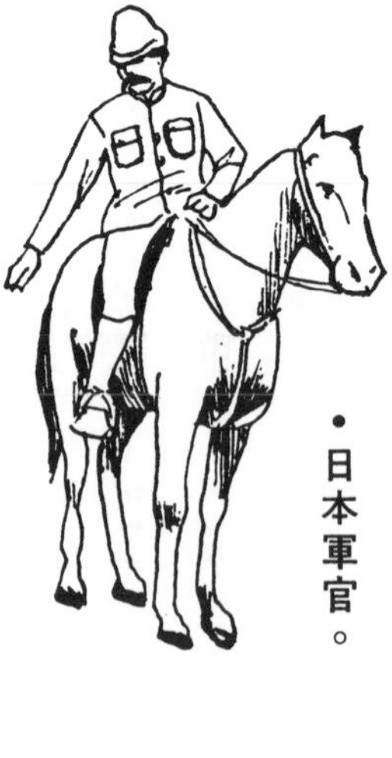

•日本軍官。

文化救國力量大

蔣渭水以提昇台灣人的知識爲宗旨，創立台灣文化協會，推動文化活動，開拓了台灣人的見地與視野。

蔣渭水捧著「台灣議會設置運動請願書」的雙手，微微的顫抖著；他剛才一口氣把它讀完，其中「請願主旨」的部分，把他冰封已久的熱情，重新點燃了起來；請願主旨寫著：

……現在的台灣，各項政務都十分蓬勃，外表呈現出秩序井然的模樣，實際上官方獨斷獨行，並沒有顧及民意

• 蔣渭水非常信奉三民主義，曾將 國父手著的三民主義借給同志輪流閱讀，而遭到日本人的處罰。

・蔣渭水在日據時代，主要從事文化啓蒙工作，致力推動勞工與農民運動，爭取政治社會的改革。

……

這些語句帶給蔣渭水很大的震撼，「這就像一直藏在我心中的感受，一下子被說中了……」蔣渭水是個醫生，在台北開業，也是一家酒樓的經營者，自從他有了名有了錢之後，被許多的酒肉朋友包圍，日子是愈過愈奢華了，他的心情、意志，也被消磨得十分低迷！然而，現在他又覺得，生活應該是有光有熱的，他要振作起來，像念書的時候一樣，有做出轟轟烈烈大事的決心！

蔣渭水的思緒，跌回了就讀「台灣總督府醫學校」的時代，那時，同學之間充滿了政治的狂熱，對祖國的革命問題更是關心，還租下一間房子，作為大家討論集會的場所，後來，袁世凱在大陸稱帝，他們氣憤極了，就暗中籌畫，要在北京的自來水場中投下病菌，毒死袁世凱，但是此舉並沒有成功；接著，他們又想在進貢給天皇的麻豆文旦中，注射傷寒病菌，企圖把傳染病散布在日本皇宮，不過也失敗了。

「當時真是幼稚啊！可是，卻充滿鬥志、理想與熱情。」蔣渭水在心中對自己說道。

「台灣目前的情況，最缺乏教育來啟發民心，我應該與林獻堂先生互相呼應，他由政治改革著手，我從教育文化方面來加強……」他思索著，並確立了今後的方向。

在徵求林獻堂的同意之後，他開始籌組「台灣文化協會」。經過辛苦的奔走，這個組織終於在台北的大稻埕成立，時間是西元一九二一年十月十七日。

・台灣文化協會的工作，一是在台灣從事民智啓蒙活動，一是要求參政權，向日本國會請願，爭取設置台灣議會。

・因爲蔣渭水領導「倡民權、爭平等」的非武裝抗日運動，並且致力推動三民主義，而博得「台灣孫中山」的尊稱。

蔣渭水在成立大會的演講中，為台灣診斷，並開了藥方，他認為：台灣人現在生病了，這個病如果不治好，便造就不出對國家有用的人才，使台灣邁向進步，所以，文協不得不先著手醫治這個病根。經由診斷的結果，台灣人所患的病，是知識的營養不良症，除非服下知識的營養品，是萬萬不能治癒的。而文化運動正是針對此症的唯一的治療法。

十一月二十五日，文化協會出版第一期的會報，裡頭刊著蔣渭水的一篇文章；那是他對台灣的詳細診斷報告。主要內容是說，台灣這個病人，頭比身體大，看來似乎滿有思考能力的，然而，向它詢問一些常識，它的回答都不得要領，所以，判斷它大大的頭骨裡，其實很虛空；再深入問一些哲學、數學、科學，及世界大勢的相關問題，它更會頭暈目眩。不過，因為它本質不錯，如果以最大量的「正規學校教育」、「補習教育」、「幼稚園」、「圖書館」、「讀報社」等處方，互相調和，迅速服用，在二十年內，就可以把病治好。

蔣渭水根據他的診斷和處方，設置讀報社，並舉辦各種文化講座；演說的內容很廣泛，包括歷史、人生問題、家庭問題等等。

這天是星期六，蔣渭水在港町租借的一間茶行內，又有定期講座。

像往常一樣，日本警方雖然沒有理由禁止演講，卻提防得厲害，派了好幾個警察來監視。

•一九二一年，台灣積極推動文化協會時，第一次世界大戰剛剛結束，經濟不景氣，到處有人倒閉。

•蔣渭水畫像。

當台上的講師談得非常投入，下頭的聽衆也十分進入情況，一個警察莫名其妙的大叫道：「中止！中止！」

「為什麼要中止？」蔣渭水站起來叫道：「演講內容哪裡有問題？」

「是啊！根本沒有講到任何攻擊的話呀！」

「憑什麼要我們散會？真蠻橫！」

聽衆也紛紛抗議著。

那個警察也不理會大家不滿的情緒，硬是把講座解散了。

蔣渭水非常生氣，他在心中咒罵著那些警察，並想：「好，你們對於監視演講的任務，感到厭煩，就隨便發出中止命令，那我偏偏要辦更多的講座，讓你們累死！恨死！氣死！」

他決定要每天接連著舉辦文化講座，聽衆倒是很配合，每一場台下都是坐得滿滿的，可是，講師的來源卻枯竭了；畢竟有底子能上台侃侃而談的人，是屬於少數呀！

「這可怎麼辦才好？」蔣渭水暗暗思忖著，「這些天把警察整得叫苦連天，頗有一點成果，可不能就這樣算子……講師方面還有誰可以支援？咦，如果能找一個人，所講的內容廣闊精深，可以一天說一段，這樣，我便不用為了每場都得找講師而發愁了！」

蔣渭水終於找到一個很有國學素養的朋友，上台講解四書。聽這些仁義道德的論述，人們當然沒有像吸取新知識那樣的熱切，不過，大家知道這是為了給警方一點顏色瞧瞧，因此，每天晚上照舊趕來捧場。

看到這種情形，蔣渭水十分滿意，「太好了，一部四書要說上個四、五個月，也毫無問題，這下，警方可有得累了。」

果然，警察忙完一天的公務，還得經常輪流來加班，都大喊吃不消，對警察署來說，天天要調派人員，並多出一大筆加班費，也頭痛極了。

這天，警察署長派人來請蔣渭水，到署裡走一趟。

「蔣先生，今天請你來，主要是要談談文化講座的事，這……講座舉辦的次數，會不會太頻繁了？」

「難道有什麼法條，規定不能天天舉辦嗎？」

「沒有，沒有，我知道蔣先生為了上回，有人濫發中

・四書：指大學、中庸、論語及孟子四本儒家的經典。

•台北帝國大學，就是今天的台大。

止令的事，感到很氣憤。這件事的確是我們處理不當，真的很抱歉！我保證這種情形再也不會發生了。蔣先生就體諒一下我們的辛勞，大家彼此彼此……」

在警察署長的好言勸說下，蔣渭水覺得怨氣已經出夠了，這才答應不再和警鬥法。

文化協會除了到處舉辦讀報社與文化演講之外，還開設暑期大學，組織文化劇團，到各地巡迴演出……人們的反應都相當熱烈。在它的影響下，許多民眾不但見識大開，也漸漸產生覺醒，部分年輕人更組成了愛國青年團體，積極對不公平的日本政權，展開鬥爭！

突來的搜捕

總督府擔心在蔣渭水等人的鼓動下，台灣人會愈來愈不馴服，便突然搜捕大批抗爭者，引起民衆不滿。

台灣議會設置運動，仍然持續進行著，西元一九二三年，林獻堂等人徵得更多台胞的簽名，再次請願，但是又不成功。同年五月，林獻堂由東京回到台灣，在各地演講第二次請願的經過，受到十分熱烈的歡迎，總督府因此十分擔心。

「再這麼下去，台灣人遲早會要求獨立的！」田健治郎憂心忡忡的說。

「聽說人民都很狂熱，像歡迎英雄似的歡迎林獻堂。」官員報告道。

「胡鬧！真是胡鬧！傳下命令，在『台灣日日新報』上頭，發表社論批評議會設置運動，措詞要強硬，把這個運動和『獨立』、『反叛』畫上等號……另外，想辦法向林獻堂施加壓力……」

總督府使出種種手段，先叫台灣銀行出面，向林獻堂催收欠款，又透過林獻堂的妹夫楊吉臣，去拉攏勸告。

「姊夫，我說我們就先退出吧！」

林獻堂緊皺雙眉，背著手走來走去。

「只要先退出運動，什麼事都沒有了，既不用籌出二

•總督住的地方。

十幾萬去還錢，林家大大小小的安危也不會有問題！」

「太沒有道理了！」林獻堂手一揮，「我跟台灣銀行借的二十幾萬，都有抵押品，利息也照付，憑什麼叫我還錢。」

楊吉臣說：「跟他們講道理是沒用的，姊夫，現在正在風頭上，你就鬆鬆口，暫時答應別再管議會設置運動的事，否則，總督府火了起來，要對付你，要對付林氏家族，還不簡單嗎？你就是不為自己想，也該為家族成員著想。」

就這樣，在總督府的逼迫下，林獻堂宣布退出議會設置運動。運動的其他領導人，對這件事十分憤慨，也非常不諒解。西元一九二三年，蔡惠如、蔣渭水等人繼續組織

「台灣議會期成同盟會」，堅決不放棄台灣公民的請願權！

然而，總督府卻採取更激烈的手段，在同年十二月，檢舉台灣議會期成同盟會的成員，宣稱他們違反了「治安警察法」。蔣渭水、蔡惠如等人，都被拘捕了起來。

林獻堂知道消息後，很快的派遣他的祕書葉榮鐘，到台北去進行援救。

當時，總督府警務局，已經把私人的電話、電信，以及交通都控制住了，在大街小巷、公共場所，也派了特務站崗，而台灣議會期成同盟會中，形跡可疑沒有受到拘捕的同志，更派人加以監視，台灣可以說已經陷入戒嚴狀態了。

•一九二三年，台灣總督府全面搜捕台灣議會請願運動的有關人士，造成恐慌，成爲有名的「治警事件」。

「榮鐘，想辦法去見朝日新聞的特派員蒲田先生，請他轉告政治部神田部長，把事情及台灣的現況報導出來，同時，請神田先生聯絡一些向來同情我們的政要，給總督府壓力，讓他們公布真相……」林獻堂吩咐葉榮鐘說。

「先生，特務也盯上我們了，不過，我會設法逃過他們耳目的。」

於是，葉榮鐘趁正中午，特務人員用餐的時間，騎著腳踏車，一分鐘也不敢休息的趕到車站，幸運的，他並沒有被特務發現，並快速坐上北上的火車。

到了台北，葉榮鐘直接到台北醫專的宿舍，找同鄉丁瑞魚，把事情告訴了他，並請求他幫忙。

「我知道，宿舍不能留宿外人，可是，事情緊要，我若是去住旅舍，或去找同志，很容易落入特務的手裡，援救行動也就……」

丁瑞魚拍拍葉榮鐘的肩，「別說了，你就住下來，不會有問題的。」丁瑞魚當時是醫專四年級的學生，再幾個月就畢業了，不過，他甘心冒著犯規被開除的危險，來掩護葉榮鐘。

當天，丁瑞魚幫著葉榮鐘，把一封報告事件經過的信件，謄寫了好幾分，要用來分寄給東京的同志，請他們在那兒向日本朝野呼籲，譴責總督府的行為。

晚飯過後，葉榮鐘悄悄去拜訪蒲田先生，順利的完成林獻堂交代的任務。

隔天一早，他又跑到基隆，請服務於幡丸的茶房，將

• 葉清耀是台灣第一位法學博士。

事先謄寫好的三分信件，帶到日本後投入郵筒。

信件輾轉寄到東京同志的手中，他們立刻在日本，展開呼籲及尋求支持的行動，而朝日新聞也登出蒲田特派員的報導。在各方的關注壓力下，總督府只好把戒嚴狀態解除，台灣的人心這才漸漸安定下來。

後來，林獻堂親自北上，向總督府警務局提出要求，希望受到拘押的同志能夠立刻被釋放，但是，並沒有得到同意。

西元一九二四年一月，台北地方法院對蔣渭水等人提起公訴，檢察官聲稱他們是搞獨立、搞叛亂。

被告聘請了律師團為他們辯護；其中的律師大都是日本人，只有一位台灣人葉清耀。

葉清耀在法庭上，提出有力的論點，「檢察官說，請求設置議會是危險的思想，同時擾亂了社會的安寧與秩序。這種說法是不正確的，被告根本不曾做過破壞社會組織，或是顛覆政府的行為，他們只是依照憲法上的請願權，行使請願而已。檢察官又說被告企圖獨立，這更是毫無根據，沒有財源，沒有武器，有的只是廚房裡的破菜刀罷了，再加上缺乏外國的援助，又怎麼可能進行獨立呢？」

葉清耀的辯護，正表達出台灣人的心聲。

經過一年多的審判、上訴，最後，宣判蔣渭水等十三個人有罪。這就是歷史上所稱的「治警事件」。

• 葉清耀，幼年父親早逝，家境清苦，無力上學，但因老師的鼓勵，及大哥的幫忙、考進台中師範學校。後來又半工半讀，畢業於日本明治大學法科。

判決確定之後，台北的許多民衆都議論紛紛。

「蔣渭水和蔡培火先生，被判坐牢四個月，還有蔡惠如、林呈祿幾位先生，也要被關三個月，他們沒有罪，為什麼要服刑？」

「是啊！太不公平了，這分明是壓迫台灣人嘛！」

「我們應該發動群衆，聚集起來，送蔣先生他們入獄，表示大家對他們的支持，同時也是對審判不公的一種抗議！」

「這個計畫太好了，我們這就分頭去召集人員，好舉行盛大的送入獄行動！」

然而，警方得到百姓要聚集的消息，立刻將蔣渭水他們收押，偷偷的解送到台北監獄。

歡送入獄的計畫，雖然沒有化為實際行動，但是，激憤與不平卻在人們的心中蔓延！

•日本議會一景。

甘蔗悲歌

在西元一九二五年，台灣蔗農所種的甘蔗只能賣給公家，而且還要受到種種限制，文化協會鼓勵蔗農勇於爭取自己的利益。二林發生了蔗農抗議事件。

傍晚時分，蔗農紛紛收工了，李火炎也拖著疲憊的身軀向家裡走去，路上遇到了鄰居謝正雄。

「欸，火炎，聽說那個文化協會，要來我們二林莊辦演講吔！」正雄一見到火炎，就興奮的說：「我們一起去聽聽吧！」

「演講？哎呀！那些讀書人，講的跟我們又沒關係，

•牛車載甘蔗。

去了也是浪費時間。」

「不，不，他們講的和我們很有關係。現在，我們種的甘蔗，不是都由林本源製糖會社收購嗎？」

「是啊！價格也是他們決定，收割和稱重量的事，我們更管不著。還有，連肥料也不得不跟他們買。」

「對啊！這就是我們吃虧的地方。」

「吃虧又怎樣？到處都一樣呀！我的一個親戚種稻米，雖然有政府幫忙開溝圳，又有農會那邊提供技術、新品種，可是，好好的收成自己也享受不到，吃個飯還要加一堆番薯才吃得飽……」火炎消極的說。

「所以了，文化協會的演講，聽說就是要針對蔗農的現況來談！」

・台灣的製糖業對日本來說，是一棵搖錢樹。日本政府特別提供從事糖業的日本大企業各種獎勵，最後台灣的糖業完全由日本大企業控制。

「能談出個什麼嗎？」

「不管能不能，去聽聽看也不會少一塊肉呀！」

文化協會的講座正在熱烈的進行，台上的講師，以有力的語調，主張蔗農和會社之間是買賣關係，所以，會社不能強迫農民把作物賣給它，而決定價錢和稱重的過程，農民都有權參與。

這些話引起農民很大的共鳴。

走出會場，正雄拍著火炎的肩膀，說：「怎麼樣？沒有白來吧？」

「是沒有，可是，他們那些讀書人，真的會幫我們計畫？幫我們爭取嗎？」

「會啊！會啊！就像他們說的，你一個人去喊不公

•一九〇五年開始，日本政府只獎勵新式的糖廠，以淘汰台灣人的糖廠。同時，強制規定，同一區域內不准設立舊式糖廠。

平，人家也聽不到，不過，要求一群人集合起來一起喊，聲音就大了，就有用了。」

文化協會協助蔗農，在西元一九二五年六月，組織了「蔗農組合」，加入的農民有四百多人，文協又積極舉辦演講會，使農民覺醒到必須團結，才能爭回權益。

六月初，農民大會盛大舉行了，接著，就積極的向林本源製糖會社，提出要求。

這天，火炎又遇上正雄。

「怎麼樣？會社那邊的反應怎麼樣？」火炎問道。

「拒絕了。」

「我就知道。」

「可是，一次談不成，兩次、三次、四次，總會成功

•一九〇〇年，日本三井投資的台灣製糖株式會社成立，成爲台灣第一家新式的製糖工廠。

•為了產糖的業績，許多台灣農民被迫廉價出售土地，不肯賣的人就被警察毆打、拘留，埋下後來農民運動的種子。

吧！只要我們肯爭取就有希望。」正雄充滿鬥志的說。

火炎沒有出聲，只是點點頭。蔗農組合又推出代表，和會社進行許多次的交涉，會社都不同意他們的要求，而且，深深感到這事件十分棘手，不知道該如何擺平。

會社的主要職員因此聚在一起討論。

「很麻煩，這樣糾纏下去，會沒完沒了的。」

「可是，除了拒絕再拒絕之外，也沒有辦法了。」

「我們當然可以拒絕，不過，農民也有法寶呀！我們不答應要求，他們就不肯讓會社去收割甘蔗，這樣，工作便停頓在那兒……」

「甘蔗不收割會爛掉的，農民不心疼嗎？」

「他們是豁出去了，寧可甘蔗爛一次，也要爭取永久的保障！」

「他們豁出去，那我們也豁出去吧！」

「什麼意思？」

「派工人突然到蔗田裡，把甘蔗都收割回來！」

「這樣行得通嗎？」

「請警方給我們支援，我就不相信農民敢怎麼樣！」

六月二十二日，蔗農都收工回家了，製糖會社由七名職員，領著三十名工人，再加上七名警察，一行人來到蔗田。

「快，大家開始收割，動作要快！」職員命令工人道。

當工人以敏捷的動作，在蔗田中揮汗工作時，警察則

•當台灣南部的農民為蔗田抗爭時，日本總督府規定廢除中國人沿用許久的陰曆。

•甘蔗田工作情形。

四處巡視。

這時，火炎因為他的水壺和便當盒放在田邊的大樹下，忘了帶走，而折了回來。

他遠遠看到蔗田裡人影晃動，便喃喃自語道：「這是怎麼回事？」

他躲躲藏藏的走近一瞧，「是製糖會社的人，還有警察……」

火炎匆匆忙忙跑回去，一進莊裡就沿路大叫道：「不好了，會社的人偷偷跑去收割甘蔗啦！不好了……」

農民聽到，都十分震驚。

「走，去看看。」

「太沒有道理了嘛！我們一定要去討回公道。」

他們紛紛趕到現場，對會社的人提出抗議，可是，對方根本不理會。

「可惡！丟石頭阻止他們！」有農民率先投出石子。

「對，我們人多，不怕他們！」農民實在是惱火了，撿起石頭就死命丟向工人。

會社的職員和警察很快的向前阻止。

「住手！住手！」

「你們眼中還有法律嗎？」

農民們將會社職員與警察團團圍住。

「法律？法律都是你們定的！你們規定不經過同意，就可以隨便收割甘蔗，我們也要乖乖遵守嗎？」有農民大叫道。

•一九二〇年，台灣糖業成爲台灣最大的產業，其中三井、三菱和藤山合稱糖業三大。

•因爲土地被強制收購，許多台灣人民只好爲日本企業做廉價勞工。可是同樣的職位，台籍工人的工資卻只有日人的一半。

「對，你們太不講理了，我們也不用對你們客氣。」

農民們開始毆打那些人。

「我們乾脆去把事務所砸個稀爛！」農民群情激憤，吵吵嚷嚷的衝向製糖會社二林原料區的辦公室。

當他們到了那兒，警方得到消息，出動大批警力，才逼使農民放棄攻擊的行動。

這個事件導致九十三個農民被起訴，二十五個人被判有罪。事件雖然在強勢鎮壓下，很快就結束，卻是之後一連串農民運動的起點，而同樣受到不平等待遇的工人階級，也展開了有規模的罷工示威，以表達自己的立場，爭取自己的權利！

不屈的霧社山中勇士

山地原住民，受到許多不合理的待遇與壓榨，西元一九三〇年莫那・魯道，率領族人反抗，總督府血腥鎮壓，引起國際的注意。

・霧社的地理位置

霧社位在台灣的中部山區，當地種了許多櫻花，景色十分優美，這天，山中的馬黑坡社蕃人，有四十幾個聚在一起，為一場婚禮而大開酒宴。

當大家喝得正高興時，一名警察吉村從門前經過。蕃社頭目的大兒子塔達歐・莫那，看見了吉村，便端著一杯酒跑到門口說：「大人，喝一杯。」

•塔達歐手上的豬血，是祭祀時沾到的。

「不要，不要。」吉村不耐煩的擺擺手。

「好酒，一定要喝一杯。」依原住民的習慣，請人喝酒是一種敬重的表示，熱情的塔達歐堅持要吉村賞臉，並以手去拉吉村。

「你幹什麼？手上沾了豬血，別碰我！」吉村高傲的用棒子敲打塔達歐的手。

這真是天大的侮辱！

塔達歐一股怒氣猛地往上升，他狠狠抓住吉村，開始毆打他，而塔達歐的弟弟巴撒歐也跑了過來，幫哥哥把吉村壓倒在地上。

這時，頭目莫那·魯道趕快前來制止，他們才停手。

第二天，莫那·魯道親自帶了一瓶酒，去向吉村道歉，但是，吉村不肯接受，還說要好好追究。莫那．魯道因此憂心著事情會被擴大。

西元一九三〇年十月二十四日，也就是發生了毆打吉村事件之後的二十天，另一個荷歌蕃社，舉行了一個婚前祝賀酒會。

大家一邊喝酒一邊談天，十分的暢快。

「唔！日子要是天天這麼痛快就好了。」有人感慨的說。

「別想了，一天到晚服勞役，痛苦死了！」原住民一向自由自在慣了，但在日本政府有計畫的「理蕃政策」下，卻經常要去從事義務性質的工作，令他們十分受不了。

•日本殖民政府以埋設地雷、裝置電流鐵絲網的方式，來限制原住民的活動範圍。

•日本警察以打、罵、踢方式，強迫原住民開採山林資源，但是工資低廉又危險，引起原住民的不滿。

「說到服勞役，我就有氣，服勞役的時間老是和耕種期、狩獵期撞在一起，分明是叫我們沒辦法生產過日子嘛！」

「還有還有，我們種的作物、獵的獸皮，要賣一定要賣給交易所，奇怪的是，價錢每次都不一樣，而且好像一次比一次低。」其實，不只是物產交易受剝削，原住民做工的工錢也大大的被壓低。

接著，他們又談到日本人砍神木做建材的事。神木被原住民認為是族中的守護神靈，要是受到砍伐，神靈一定會十分生氣，並引起災禍，偏偏警察逼著原住民非這麼做不可，他們真是又害怕又痛苦。而且，砍下神木搬運的途中，警察還不許他們沿著路面拖，說是為了保護木柴的完

好，於是，這些服勞役的人只好扛著木材，在陡峭的山路上辛苦的前進，還要不時被警察叱責、鞭打，人人因此而更加不平了。

談到最後，聚會的人們情緒激動，其中有一位名叫皮荷·沙頗的青年，大喊道：「把日本人殺了，好發泄心頭之恨！」

「對，殺了那幫可惡的人！」

「就這麼做！」

其他人紛紛應和著。

皮荷·沙頗開始去遊說族人，在十月二十七日，霧社小學校與公學校聯合舉行運動會，當地的日本居民及警察、官員，都會群聚在小學校的大好時機，一舉起事抗

•一九三〇年，當霧社爆發激烈抗日事件時，台灣西部灌溉嘉南平原的嘉南大圳，正式啓用。

・原住民爲了横越山谷而發展出的特殊渡河工具，叫「流籠」。

日。

當莫那・魯道受到舉事的邀約時，他想：吉村不知道會藉著毆打事件，如何來報復他們，那不如先下手為強，把禍根斬除，才不用天天提心弔膽！況且，他們一再容忍日本人，這種日子太痛苦了，還不如與日本人同歸於盡！

於是，他立刻響應了，由於莫那・魯道是當地聯合狩獵團的團長，又十分勇猛慓悍，很具有號召力，因此，在他的積極聯絡下，許多族人都紛紛加入抗日的行列。

起義前，莫那・魯道對同志宣布道：「既然我們站起來反抗，就必須戰到最後為止。雖然，這場戰爭我們沒有勝利的希望，但大家還是要勇於作戰，否則，將來我們及泰雅族的子孫，就永遠只能做奴隸了！」

・東部原住民所使用的轎子叫「蟹轎」，因爲乘客橫坐在竹架上，活像橫走的螃蟹。

二十七日凌晨三點，莫那・魯道的長子塔達歐，率領幾名族人到達馬黑坡林場；那裡有兩名警察駐守，專管林木的採伐監督，其中一個就是吉村，另一個叫做岡田。塔達歐趁他們熟睡之際，解決了他們的性命。

而塔達歐的弟弟巴薩歐，組成另一支隊伍，把馬黑坡駐在所裡的警察杉浦殺死，並奪得一些武器。

莫那・魯道則帶著大隊人馬，向霧社街上趕去，沿途襲擊了許多間駐在所，也搶了不少新式的武器。

當莫那・魯道等人和巴薩歐他們會合之後，趕到霧社街上，大概是早上八點。他們分成兩隊，老年、壯年隊由莫那・魯道率領，攻打霧社警察分社、郵局、製腦公司和日本官吏宿舍；青年隊由巴薩歐帶頭，直奔霧社小學校。

•這一次的突擊行動，共殺死日本人一百三十四名，傷二百一十五名。

小學校的操場上，正在舉行升旗典禮，八點五分，巴薩歐高舉番刀，一馬當先衝進操場，在毫無防備、驚慌失措的情況下，許多日本人都成了刀槍下的亡魂。

接著，他們又分兵掃蕩其他的駐在所。

日本當局獲得消息之後，動用了大批軍警力量，開往霧社展開鎮壓行動。

三十一日，日軍集中火力進行總攻擊，在山炮和機關槍的猛烈火力下，許多原住民都陣亡了，各個參加起事的蕃社，把婦女、小孩疏散到馬黑坡社。中午，兩架飛機在馬黑坡社上空盤旋，投下炸彈與催淚彈，並不斷用機關槍掃射，蕃社幾乎被夷為平地，人們死傷慘重。

「一部分的人，先把婦女、小孩送到深山裡躲避，其他的人則留下來守住馬黑坡，保衛我們的家園。」莫那・魯道下了命令。

他們守住馬黑坡社的險要山路，拚死抵抗日軍，日軍攻不過，只好持續用炸彈轟炸，用機關槍掃射，馬黑坡社被炸得地皮都翻了過來，真是慘不忍睹。

新式武器終於打敗勇猛的原住民，馬黑坡社被攻陷了，殘存的抗日勇士退向山裡，以游擊的方式繼續抗爭。

日本方面也組成搜索隊，決心不放過起義的人，然而，他們對山中的地勢不熟悉，搜索工作一點進展也沒有，因此，就動員一些親日的原住民，有的協助搜查，有的進行勸誘投降的工作，更慘無人道的是，在十一月十八日，日軍竟然動用飛機，投下毒氣彈，使許多起義的戰

・日本遠從台北、新竹、台南調動部隊來攻打。原住民只有退到馬黑溪上游的馬黑坡巖窟。

士，被毒死在山谷野地裡。

日軍與起義者的戰鬥，持續了三十六天，儘管彈藥用盡了，糧食吃完了，夥伴一個個倒下了，但存活下來的山地勇士大都不肯投降，而選擇了自殺的路途！

然而，日本政府還不肯罷休，他們唆使塔烏查蕃，突擊起義者家族中遺留下的成員，這次的屠殺中，只有兩百九十八名老弱婦孺，逃過了劫難，而這些生還者後來又被強迫遷移到川中島。

莫那·魯道所領導的起義與抗爭，就是「霧社事件」，之後，日方唆使原住民屠殺自己的族人，則稱為「第二次霧社事件」。

霧社起義雖然失敗了，卻證明日本政府統治了台灣三

•前後兩次的霧社事件，使得日本在野黨大肆攻擊執政黨，台灣總督石塚英藏只有引咎辭職，歐美各國也同聲譴責。

十五年，依舊不得人心，同時引起日本統治集團內部的驚慌和混亂，更招致了台灣人民的憤怒，與國際的譴責！

•在霧社事件中，另有一位名叫「花岡一郎」的泰雅籍青年（原名達基斯）。他是第一位考上師範學校的原住民，受日人栽培，後擔任乙等巡查，因爲被族人譏諷，又受日人欺壓，於是也起來反抗。

霧社原住民領袖莫那魯道(中間者)，於一九三〇年領導族人抗日，發生霧社事件。

總督府的死對頭

蔣渭水、林獻堂等人因爲文協左傾，而脫黨另組民衆黨，主張廢除種種不當制度，並把台灣問題公諸國際。

霧峰林家，這天聚集了蔣渭水、蔡培火等客人，包括主人林獻堂在內，大家的臉色都十分凝重。

「沒想到，一手創立的文化協會，現在卻落得四分五裂的下場，真令人痛心。」蔣渭水沈痛的說。

「也好嘛，立場不相同，勉強在一起，也成不了大事，不如趁著我們已經脫離了文協，重新再組織一個團

• 一九二五年（民國十四年），左派分子滲入文化協會，主張台灣應該學習蘇維埃共和國，實施共產主義。

體。」蔡培火說。

「嗯！重新組織，重新有一番作為！」林獻堂點點頭說。「蔣先生，我和培火以為，今後的組織，還是沿襲文協的文化活動路線，以合法的運動，溫和的進行改革，您覺得怎麼樣呢？」

「我想應該更積極一點，目標也要明確一點，盡力來爭取台灣人民，恢復中華民族的原有身分和地位！」蔣渭水受到辛亥革命的影響很深，而且他的行動一向比較激烈。

經過討論、協調之後，他們決定組織「台灣民黨」，可是，當他們四處奔波，召募同志，成立了政黨不到三天，就因為反對色彩太強烈被總督府下令解散。

・台灣民衆黨的訴求，致力於爭取台灣自治，推動勞工與農民運動，爭取政治社會的改革。

•爲了獲取暴利，日據政府實施鴉片專賣，甚至在今天台北市南門附近，設立鴉片專賣製造工廠，使得台灣吸食鴉片的人口從五萬五千人，增加到十七萬人之多。

於是，蔣渭水等人只好再以較溫和的訴求，組成「台灣民眾黨」，它是第一個由台灣人成立的政黨，當時為西元一九二八年七月，距離蔣渭水他們脫離文化協會，約有一年多的時間。

台灣民眾黨曾經做了不少轟轟烈烈的大事，反對台灣鴉片公賣和特許制度，就是其中的一件。

在台灣，吸食鴉片的人可不少，日本剛占領台灣時，採取漸近式的禁止措施，到了西元一九三〇年，總督府竟然把鴉片的吸食和販賣，當做合法的事，還明白規定鴉片由公家專賣。

這天，蔣渭水和張月澄等人在一起，提起了鴉片專賣這件事。

•人民吸食鴉片的情形。

「這明明是為了高利潤，不顧犧牲台灣人的健康！」

蔣渭水十分氣憤。

「政府簡直成了毒販子！」張月澄握緊拳頭說。

「一定要想辦法阻止。」蔣渭水拍打桌子，然後站了起來。

「對於已經頒布的法令，有什麼方法來改變呢？我看只有通知日本當地的重要人物，向總督府施加壓力……」

「這還不夠。」蔣渭水說。

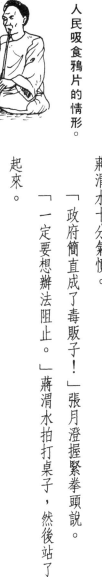

「那……」

「我有一個想法，向國際組織發出電報，揭露總督府的惡行。」

「這倒是個好方法，可是，恐怕並不容易辦到吧！拍電報要到電報局去，裡頭的人一看到反政府的內容，就會立刻扣留電報的。」

「我們再想想辦法克服……對了，張先生可以負責把電文翻譯成英文吧！」

「沒有問題。」

一月二日晚上七點五十分。

一個學生模樣的十七歲青年，帶著一封電文，向電信局趕去。他是蔣渭水的大兒子蔣松輝，受了父親的指示，要把民衆黨的抗議，傳到海外去。

電文是要發給國際聯盟的，內容為：「日本政府違反了國際條約上所禁止的不文明政策，以及尊重人道的約定，公然准許台灣人民吸食鴉片。」

•一九二九年，台灣民眾黨曾向日本政府抗議販賣鴉片一事，爲日本所拒。所以台灣民眾黨才轉而向日內瓦國際聯盟本部控訴。

蔣松輝身負重任，不免有點緊張，不過他一再對自己說：「要鎮靜，要鎮靜。」

他深深吸了一口氣，才走進電報局裡。

正如父親他們所預料的一般，局裡的高級職員都已經下班，只剩下幾個發報人員，如果沒有意外情況發生的話，那麼，只看得懂二十六個英文字母的發報人員，是不會發現有什麼不對勁的。

「對不起，麻煩一下。」蔣松輝將電文放到櫃台上。

發報人員拿過電文，看了一眼。

雖然是在冬天，蔣松輝的手心卻冒出了汗。

幸虧，事情十分順利，在沒有發生任何波折的情況下，蔣松輝把電報發出去了。

•日據時代，向外國發送的郵電均受到日本人的檢查與控制，台灣人民沒有通信的自由。

•國際聯盟派員到台灣調查鴉片的情況，讓日本大為恐慌，連忙在台北大稻埕建立戒菸院——更生醫院，由台灣第一位醫學博士杜聰明擔任醫局長。

國際聯盟不但收到電報，給了民眾黨回音，並且，派人來台灣調查這個事件。

總督府在之前推行鴉片漸禁政策，受到國際間良好的評價，甚至被認為可以當模範，而現在因為民眾黨的揭發，面子可是丟大了。

再加上，民眾黨所做的事，像是主張廢除保甲制度，推動反對「日本占據台灣紀念日」的運動，還有領導工人抗爭，儼然成了勞工界的頭頭……都跟日本執政當局對上了，總督府可把這些舊帳記得清清楚楚。

現在，舊帳還沒了，新恨又添上一筆，總督府簡直把民眾黨，當成了眼中釘、肉中刺了。

而在霧社事件發生後，民眾黨又向國際抗議日軍濫投毒氣彈的暴行，這下子，總督府更決心不放過民衆黨。

西元一九三一年二月，民衆黨在台北本部召開第四次全體黨員大會。

會議進行的時候，台北警察署長突然帶著部下，闖了進來。

「怎麼回事？」會員們喧囂著。

「我們有結社、開會的自由，警察憑什麼來干擾。」更有人發出不平之鳴。

「憑這個！」警察署長揚揚手中的一紙文件，大聲說：「我有結社禁止令。」

「你們不能說禁就禁，沒有道理呀！」蔣渭水站出來大聲說道。

•一九三一年，日本政府一邊在台灣鎮壓民主運動時，一邊派出關東軍攻占中國東北，發動九一八瀋陽事變。

「對，沒道理！」有人應合。

「總督府當然尊重人民結社的自由，可是，你們破壞了社會的安寧秩序，就不得不禁。」警察署長高聲說：「台灣民眾黨，現在已經成了非法的團體，會議不准再開下去了，蔣渭水等人，也要被拘押！」

警察逮捕了蔣渭水等十六個幹部，其他的黨員只好散去。

第二天，警方把被拘留的人釋放，蔣渭水立刻向日本眾議院的議員請求援助，卻已經改變不了既成的事實。

民眾黨遭受解散，對蔣渭水的打擊很大，同年七月，他因為患了傷寒，住進台北醫院，八月五日，就撒手離開了人世。

•爲了改善台灣的衛生環境，建立長遠醫療體系所需要的人才，日本政府於一九〇〇成立台北醫學院，培養台灣本地的醫生。

•蔣渭水，一生奉獻於將台灣回歸祖國的運動，堅持與日據政府採不妥協的態度，曾領導許多抗日團體。一九二一年，以重傷寒病逝於台北病院，享年四十二歲。

・抗日義軍的家屬被枷鎖示衆，逼抗日義軍現身。

地方官自己選

林獻堂等人，爲了推動地方官員民選，而成立地方自治聯盟，經過多年努力，終於在西元一九三五年，爲台灣人爭取到選舉權。

當蔣渭水如火如荼的反對新鴉片令時，蔡培火與林獻堂卻覺得蔣渭水的做法太激烈，而有了另外謀求出路的意思。

這天，林獻堂和蔡培火，邀集了一些朋友，在北投的八勝園集會。

「現在的抗日運動，好像與我當初的理想有了差距。」林獻堂說道；他仍然偏向採取溫和的改革路線。

「是啊！民衆黨有愈來愈左傾的現象，像文協一樣，都變質了。」蔡培火憂心的說。

「過去，台灣議會設置運動，在民衆間所引起對改革的嚮往，似乎也漸漸消散了。」林獻堂皺著眉說。

「這是因為欠缺一個強而有力的訴求吧！」蔡式穀說：「我們應該沿襲台灣議會設置運動的精神，雖然這個運動經過十五次的請願，最後落得失敗的下場，但是，我們可以把目標定得更完整，更具體一點……」

「蔡先生的意思是——」林獻堂問。

「組織團體推動真正的地方自治！要求政府讓人民有權選舉地方公職人員，參與和切身相關的公共事務。」蔡

•台灣反日運動因分裂為左、右兩派，而失掉領導中心。一九三〇年（民國十九年）八月成立的台灣地方自治聯盟，以楊肇嘉為首，林獻堂為顧問。

式穀說：「單純以地方自治制度，作為我們努力的唯一標的。」

「嗯！很好的意見。」

「很有力的訴求！」

聚會中的所有人，都贊成蔡式穀的建議。

「我想，推行運動要有實際的領導人，這個人最好對地方事務很熟悉，又熱心，又有親和力，能走入群衆引起他們的共鳴……」林獻堂提出問題：「大家認為哪一位比較適合？」

「楊肇嘉先生是很好的人選。」蔡培火說：「雖然他人在日本，不過，我們可以寫信請他回來。」

其他人也覺得楊肇嘉相當適合，於是，他們就由林獻

•蔡式穀，新竹人，畢業於日本明治大學法科。後以豐富的法學知識投入社會運動，但常被日人警告。

堂帶頭，寫了一封信，並簽上所有人的名字，促請楊肇嘉回國。

接著，他們開始延攬同志，並向政府辦理登記，在西元一九三〇年八月十七日，以推行地方自治為目標的「地方自治聯盟」，在台中召開創立大會。

在會中，會員選出林獻堂擔任議長，散會前，林獻堂對大家說：「地方自治聯盟只有一個目標，希望在一年以內，就可以完成它，好功成身退，所以，我們不喊『萬歲』，請大家跟著我大聲喊『台灣地方自治聯盟一歲』！」

一時之間，會場響起熱烈的應合：「台灣地方自治聯盟一歲！」

•台灣自治聯盟僅以溫和的方式，要求實施地方自治，所以日本政府認爲不妨礙統治，不加干涉。

接著，自治聯盟開始舉辦巡迴演說，由楊肇嘉主講，聽眾的反應熱烈得很，有一次，還有人提出意見，請他把演講的內容，灌錄成唱片，公開播送，後來，自治聯盟真的這麼做了，而且，這些唱片更被當成一般唱片，賣給人們聽呢！

西元一九三〇年的年尾，各地的人們都興匆匆的拿著「台灣新民報」，互相傳遞消息。原來，報上要舉辦模擬的市議會、州議會選舉。

台北州的知事，也看到這則消息。

「這是幹什麼？」他把報紙一甩，「政府不讓他們選，他們就自己辦！示威嗎？抗議嗎？真是不像話！」

「可是，這只是模擬選舉，不是真的具有效力，我們

•當台灣自治聯盟積極辦理登記時，台灣中部山區的原住民因不滿長期受日本人的欺壓，在霧社爆發激烈的抗日活動，史稱「霧社事件」。

也不能說它違法。」部下恭敬的說。

「真會鑽漏洞，不過，我可不能隨他們愛怎麼搞，就怎麼搞，聽好，向新民報發出警告，不許他們太過分。」

「是。」

在台北州知事的警告下，模擬選舉開辦了，而且，引起人們很大的關注。

「欸，有沒有看到報紙，說要辦模擬選舉呢！」

「選舉？是要怎樣選？」

「就是那個報上啊！會印選票，我們就看候選人有誰，覺得中意的，把名字寫在選票上，然後，再寫好自己的名字、住址，寄給報社，就可以了啦！」

「很簡單嘛！可是，選這個要幹什麼？」

•台灣自治聯盟努力爭取自治時，日本在東北成立「滿洲國」傀儡政府，立滿清末帝宣統爲假皇帝。

「我去聽楊肇嘉先生演講過，他說，地方官如果是我們自己選，不是政府派的，那我們遇到什麼不公平的事，就可以告訴他，請他替我們改進，因為他是人民選的嘛！就要替人民著想，讓我們的日子過得好一點，要不然，大家下次就不要他當官了。」

「原來是這樣，可是，什麼模……模擬，是什麼意思呀？」

「就是假裝的啦！讓大家先練習怎麼選，要不然沒選過，正式要選，就不會選了。欸，報紙還舉辦有獎徵答喔！讓大家猜猜看誰會選上？又會得幾票？猜中的最高獎金有十元喔！」

「十元呀！那我也要選，還要好好猜一猜。」

就這樣，模擬選舉成了熱門新聞，街頭巷尾都熱烈談論著，更有不少人積極參與。

西元一九三一年一月十七日，模擬選舉的結果揭曉了，而新民報收到的選票可不少，有十九萬張，可見得民衆的反應十分熱烈。

假選舉雖然熱鬧，但是真選舉才是人們真正的目標與希望，地方自治聯盟花了五年的時間，終於在西元一九三五年十一月，使總督府讓步，答應舉辦地方選舉。

這是台灣的第一次的選舉，許多人都很興奮的把選舉當成話題。

「欸，二十二日要選舉了，你可以選嗎？我可以喔！

有工作，也滿二十五歲，每年又繳五元以上的稅。」

「我也可以呀！對了，公告說，選舉要直接在選票上寫候選人的名字，我的字好草喔！怎麼辦？」

「這可不行，你看你要選誰，就拿他的名字來練書法吧！」

「嗯！好主意喔！」

為了選舉，當真有不少民眾慎重的練起書法來了。

而辛苦了五年，台灣地方自治聯盟當然要在選舉中，為台灣人爭到幾席位置才行，民眾也十分幫忙，當選舉結果揭曉後，自治聯盟所推荐的候選人，當選率還不差呢！

拔除台灣的根

總督府於西元一九三七年推行皇民化運動，關閉寺廟；廢止漢文；更推行改姓名運動，使台灣本土的文化及生活方式受到迫害。

清晨的街道，還有些冷清，就讀北投小學校三年級的陳秋鳳，蹦蹦跳跳的出門了。

沒走多遠，她就看到同班同學吳美枝，從前面的街道轉角處，走了出來。

「吳美枝，早。」秋鳳大叫，並跑向前，拍了吳美枝的肩膀一下；她一向就很活潑，又很熱情。

・皇民化的首要工作，要台灣人改日本姓名。

吳美枝撫著胸口，「你突然大叫，要嚇死人呀！對了，今天開始，我不叫吳美枝了。」

「唔？」秋鳳一臉疑惑，「你就是吳美枝呀！怎麼……怎麼……」

「我改名字了，叫做『中川美枝子』。」

「日本名字？」秋鳳睜大眼睛。

「對啊！我們全家都改了。我阿母說，這樣比較好，我阿爸的薪水會變比較多喔！」

「這麼好呀！那我回家也要叫我阿母他們，把全家的名字都改一改。」秋鳳羨慕的說。

「還有，還有，我們要好好學日語，連我阿公啊！以前最愛念古詩了，我阿母都說，現在不能再搖腦袋念那些

• 一九四一年，總督府積極推動皇民化運動；嚴禁講台語、廢除台灣服，砍燒台灣人家中的祖先牌位和神佛像。

東西了，要講日語。」

「喔！這樣也可以使你阿爸賺的錢變多嗎？」

「可能吧！」美枝點點頭，「反正我阿母說，這會比較好就對了。所以，你現在要叫我『中川美枝子』。」美枝用日文念出她的日本名字。

秋鳳也跟著念一遍。

在前往學校的一路上，她們還用學會的日語，穿插在談話當中，並且笑鬧著。天真的她們並不知道，日本人從西元一九三七年，推行皇民化運動，廢止漢文，強迫台灣人講日語，現在又展開改姓名運動，都是為了摧殘台灣的文化和傳統。

美枝和秋鳳班上的老師北野雪子，在課堂上對大家宣布道：「各位同學，十月二十七日，我們要去北投神社參拜，大家一定要穿著整齊，因為這是一件很神聖的事。」

下了課，秋鳳對美枝說：「哇！要去拜拜吔！好好玩，說不定拜完還可以去北投公園玩。」

「對啊！我很會拜喔！」美枝將雙手擊拍兩下，然後在額前合掌，「我家就有天照大神的神符，就是要這樣拜。」

「我也會。」秋鳳也用力擊掌。

於是，兩個人就不停的擊掌鬧著玩。

「哈！好痛。」

「對啊！痛死了，可是很好玩。」

十月二十七日，北投小學校的學生，來到北投神社進

・皇民化運動更強制大家穿上和服，到神社參拜，祈禱日本「武運長久」。

•農村的孩子和牛。

行祭拜。北投神社所供奉的，是北白川宮能久親王，也是當初台灣割讓給日本之後，率著日軍前來接管台灣的統領。

學生們聚集在神社外的空地上，依照秩序進入神社參拜，因為老師規定不能講話，他們只好緊閉嘴巴。

秋鳳覺得很無聊，就東瞄瞄西望望；北投神社位在半山腰，周圍有許多濃密的樹木和草叢。

美枝也東張西望，當兩個人目光相接時，秋鳳便向美枝扮了一個鬼臉，美枝苦巴巴的臉，才露出笑容。

好不容易，參拜結束了，大家又乖乖照著秩序下山，秋鳳她們的班級是最後一班，而秋鳳和美枝又在隊伍的最末尾。

‧連布袋戲團也被迫演「皇民劇」，木偶穿上日本服、講日本話，拿武士刀在台上砍來砍去。

走著走著，美枝的腳踩到石頭，不小心扭了一下。

「有沒有怎麼樣？」秋鳳停下來問美枝。

「有點痛，等一下應該就好了。」

「要不要叫老師？」秋鳳說著，抬頭往前看，卻沒看到老師；原來北野雪子跟其他老師在商量事情，遠遠走在前頭，沒有顧及到學生。

「可以走了嗎？我扶你好不好？」秋鳳看她們脫隊好一段距離了，有點擔心。

美枝說：「應該可以了，等一下我們跑快一點，趕上他們。」她一站起來，立刻跌了下去，並大叫一聲：「唉喲！」扭傷的情況比想像中嚴重得多。

「怎麼辦？我去叫老師。」

「不要留我一個人在這裡，我會怕……」美枝都快哭出來了。

「好，我不去，我保護你。」秋鳳勇敢的說。

四周靜悄悄的，只有風吹過時，枝葉、草叢響起的沙沙聲，偶爾也聽得到小鳥鳴叫。

「等一下，老師就會發現我們不見了，然後回來找我們的。」秋鳳說。

美枝突然哭了起來，「我怕死了，腳又好痛。」

「別怕啦！」

這時，秋鳳看到樹叢間有一個人走過來，便愣住了。

美枝看秋鳳的表情很奇怪，也往樹叢間看去，一看可不得了，她尖叫起來，「有鬼啊——」

•一九四一年，新成立的皇民奉公會強迫台灣所有的戲劇納入編制，禁止一切帶有中國文化色彩的戲劇與藝術。

樹林中，一個白衣服、滿頭亂髮、一臉鬍子的人，向她們走來。

秋鳳和美枝兩個人緊緊摟住，低著頭看也不敢看。

「小妹妹，你們怎麼了？」一個粗啞的聲音響起。

「鬼……鬼……別害我們呀……」美枝顫抖的喃喃念道。

「我不是鬼，我是人，是好人，你們兩個小孩在山上幹什麼？」

秋鳳比較勇敢，抬頭看了那個人一眼，又戳戳他的腳背，真的不是鬼……「我們來參拜，結果，我的同學扭傷腳了，我又背不動她，回不去學校。」

那個人皺皺眉，「參拜？日本人真可惡啊！要孩子來拜日本鬼！」

「我送你們下山吧！」那個人說。

「我們怎麼知道你是好人，要是你把我們送去賣，怎麼辦？」秋鳳問。

「我因為惹了警察，又痛恨受逼迫做皇民，就乾脆躲到深山中，今天是出來採野菜，才經過這裡，我以前就住北投，叫林金水，你們不相信我的話，我也沒辦法。」

「林金水？這是我舅舅的名字啊！」一直悶著頭的美枝，這才抬起頭來。

「美枝，是你。」林金水叫道。

「舅舅，真的是舅舅嗎？看起來不太像。」

林金水撥撥亂髮，「美枝，是舅舅啊！」

•最初，只有一百六十人改成日本姓名，後來因爲改姓名的家庭，得到較多的優待，所以改姓名的人數增加到兩萬人。

・中日戰爭期間，日軍在南京展開大屠殺，約有四十萬中國人被屠殺，引起世界嚴厲的譴責。

「聲音很像，看起來……也愈看愈像，舅舅！」美枝叫道。

「美枝，你傷得怎樣？舅舅帶你去看醫生。」林金水抱起美枝。

於是，他們一路走下山。

「舅舅，你為什麼不做皇民？我們老師都說這很光榮，媽媽也說做皇民很棒。」美枝問。

「對啊！聽說很好的。」秋鳳插嘴說。

林金水恨恨的說：「這是日本人的詭計，想消滅中國文化，教台灣人變成乖乖的日本奴。」

「不懂吔！」美枝搖搖頭。

「他們推行皇民化運動，把教漢文的私塾都關了，在所有的學校裡，也廢掉漢文課，連報紙也不能印漢文，又逼大家要講日語，說不學日語要罰錢，在火車站不說日語，就不准買車票……這明明是要把我們原有的生活，徹底改成日本式的生活，讓大家最後都忘記自己是台灣人，也就會乖乖聽日本人的話了！還有，他們不准台灣人拜祖先，或到廟裡拜拜，也禁止我們過中國年，卻要大家拜日本神、日本鬼，甚至強迫人們改日本名字，也是為了相同的目的！」

「啊！我也改了……」美枝喃喃念道。

這時，遠遠的響起了叫喚美枝和秋鳳的聲音。

「是老師，老師來找我們了。」秋鳳叫道。

「那我要回山上去了，我不想和日本人碰面，免得引

•嚴格的皇民化運動，甚至禁止台灣人民唱「丟丟銅仔」等台灣民謠。

起麻煩。」林金水放下美枝，「記住，我們是台灣人，要保留祖先傳下來的東西，包括姓名、文化……」

「舅舅……」

「再見了。」林金水很快消失在樹林子裡。

他所說的話，美枝和秋鳳並不完全能體會、了解，可是，在美枝的心中，對自己的日本名字，卻隱隱有了排斥的感覺，對祭拜日本神的活動也是……

•變本加厲的皇民化運動，要小學生在朝會時向北鞠躬，拍掌遙拜天皇，然後聽校長訓話三十分鐘，內容幾乎都是：「爲天皇而死！」

•日本軍官指揮勞動者。

不能傳唱的台灣歌

在皇民化運動的熱潮中，呂泉生卻積極收集、整理台灣歌謠的詞與曲，爲傳唱於本土的民歌留下記錄。

呂泉生簡直著魔了，他被音樂會中那些迷人的旋律，所深深深深的吸引。

他是個十六歲的台灣少年，住在台中縣神岡鄉，就讀於台中一中三年級，因為參加學校的教學旅行，而來到東京，並且聆聽了生平的第一場音樂會。

小時候，呂泉生就顯露出音樂上的天分，一副好歌喉

•呂泉生，一九一六年（民國五年）七月一日出生。

•日據時期，中等學校並未設置音樂教育，只有爲盲生設置的特殊學校裡，才有日本音樂課程。

不知道得過多少讚賞，又由於出生在基督教的家庭，家人便鼓勵他，加入了教會的唱詩班，而現在，音樂會中出神入化的演出，更使他確定了自己這一輩子，要走的就是音樂的路。

回到台灣，他早也想晚也想，就想擁有一把小提琴；音樂會中，小提琴悠揚醉人的旋律，最令他心動了。

「向阿嬤說說看吧！阿嬤最疼我了。」他正想著，阿嬤就笑吟吟的出現在他的面前。

「阿嬤。」呂泉生乖巧的叫了一聲。

「乖孫，在想什麼，想得都呆了。」

「我……我……阿嬤，我想……想要一把小提琴。」

「小提琴？你要上學，有空拉小提琴嗎？」

「有，有，功課我應付得來，阿嬤，拜託啦！拜託買給我好不好？」

「好，好，金孫想要，阿嬤就買。」

呂泉生把小提琴當成寶，雖然沒有老師教導，他卻自己摸索，而且簡直入了迷，有時候，連功課都顧不上了。

這天，他一早起來，想到要去上學，他就有點懶懶的，因為今天的課程好無聊，根本比不過拉小提琴有趣。

「別去學校，找個沒有人的地方拉小提琴吧！」他摸著黑色的琴盒，逃學的念頭使他興奮起來。

他梳洗完畢，換了衣服，吃過早飯，趁著客廳沒有人的時候，背上書包、提著琴盒，躡手躡腳，來到門口。

「太好了，都沒有人發現。」他跳過門檻，開始快跑

•呂泉生天生有一付好歌喉。童年時，受家人的鼓勵，曾參加教會的唱詩班。

起來；得儘快遠離住家附近，才不會被家人看見他帶著小提琴，而問東問西，引起他們的疑惑。

他跑了不遠，沒想到，前面的街角走出一個人，衝著他笑；那是呂泉生的阿嬤！她一早起來去散步，現在才回來。

「阿嬤……」

「這麼早就去學校啊！咦？帶著小提琴要幹麼？」

「嗯……有一個老師懂得演奏，我帶去請他在休息的時間，指導我一下。」

「喔！是這樣，好！好！學音樂是不錯啦！可是，千萬別荒廢了學業，知道嗎？」

「我知道……」呂泉生應得有點心虛，他急急的說：

「阿嬤，我去上學了，再見。」

和阿嬤送別後，他跑到台中縣豐原的一處水源地，那裡叢生著青翠的樹木、草地，景色十分優美，而且沒有半點人影。呂泉生把書包一丟，拿出小提琴，忘情的拉奏起來，如詩如畫的情境，如詩如畫的弦音，簡直使他迷醉了，忘了時間，忘了其他……

呂泉生逃學，還是嘗到了苦果，原本念五年就能畢業的中學，他卻念了六年。畢業後，他為了實踐自己的音樂夢，在二十歲時到東京留學，就讀於「東京東洋音樂學校」的鋼琴科；這時，他的熱情已由小提琴轉向了鋼琴，並立志要當一位鋼琴家。

然而，不幸降臨了，因為一次的意外傷害，使他的美

•少年時期，呂泉生除了沈迷於小提琴外，同時也學習鋼琴，是許多女學生中唯一男學生。

•呂泉生向一位白俄貴族學習合唱課程，因而深深體會合唱的重要。

夢破碎。

在醫院的病床上，呂泉生懊惱的看著自己脫臼的右肩，與受傷的手指，不斷想著醫生所說的話：「恐怕不能再彈奏鋼琴了……」

傷癒合了，他果真不適合再彈琴，呂泉生真傷心哪！不過，他並不曾在音樂的路上退縮，後來他改修聲樂，畢業後在東京日本劇場等團體，擔任職業演唱家，表現得相當出色！

這天，呂泉生接到消息，他的父親生病去世了，家人要他趕回台灣料理喪事。

他帶著沈痛的心情，匆匆返回故鄉。這時是西元一九四三年，第二次世界大戰的戰火已經波及到台灣。

原本，呂泉生在奔喪之後，打算再回到日本，繼續致力於音樂工作，使自己更有進步，可是，因為戰爭的關係，台灣和日本之間的輪船，很難順利開航，呂泉生只好滯留在台北的大稻埕，並和「啟文社」一些愛好文藝的年輕人，往來十分密切。這段期間，日本人雖然在台灣島上的各地，熱烈的推行著皇民化運動，企圖消滅台灣的文化根源，但是，呂泉生不顧這股風潮，積極採集台灣民謠，他不但蒐羅了歌詞，也把曲調用五線譜記錄，整理出來，這可是前所未有的；過去的人研究閩南歌謠，都是僅限於歌詞而已。

呂泉生想把蒐集到的歌謠，刊登在「啟文社」所發行的雜誌「台灣文學」上頭。於是，他和主編張文環，提到

•一九三九年，呂泉生開始擔任職業演唱家，並學習作曲理論，奠下日後作曲的基礎。

•當初，呂泉生聽到「丟丟銅仔」只有單音，但爲了沿續台灣民謠的生命，著手整理爲合唱曲。

這件事。

「我蒐集了台灣一南一北兩首民謠，想在台灣文學上刊登，不曉得你覺得怎麼樣？」呂泉生把詞和譜，拿給張文環看。

「唔！丟丟銅仔、六月田水，還有譜，相當完整。」張文環露出欣喜的神色。

「丟丟銅仔是宜蘭的民謠，六月田水是嘉義的民謠。」呂泉生解釋道，「台灣文學雖然因為禁漢文的關係，不得不使用日文，可是，上頭的文章卻很寫實，很具有台灣鄉土的感覺，不像文藝春秋，只注重美，卻脫離了現實生活。所以，我覺得這兩首出自台灣本土的歌謠，最適合刊登在台灣文學上頭。」呂泉生所說的文藝春秋，是當時的另一本文學刊物，由日本人主編。

「嗯，我立刻來安排，把這些珍貴的紀錄，刊登上去。」張文環興奮的說。

不久，呂泉生又採編了嘉義的民謠——一隻鳥仔哮啾啾。他還將這些歌謠作為「厚生合唱團」的教材曲目；這個合唱團是呂泉生所創辦的。

接著，呂泉生開始參與戲劇工作。西元一九四三年九月三日，台北的永樂座演出了「閹雞」這齣戲，當中的音樂就採用丟丟銅仔和六月田水兩首歌謠。

沒想到，日本人以違反皇民化運動為理由，下令禁止演唱這兩首歌。

台灣鄉土的歌曲，竟然不能在這塊土地上演唱，呂泉

•「閹雞」一劇的布景、道具、服飾和音樂，都帶著濃厚的漢民族風格。

生真是十分感慨。

然而，日本執政當局禁唱了這些民謠之後，又派人造訪呂泉生。呂泉生詫異的接待了來訪的人。

「呂先生，貴合唱團所演唱的丟丟銅仔、六月田水、一隻鳥仔哮啾啾，應該有錄音唱片吧！」被派來的人，客氣的問道。

「有。」呂泉生點點頭。他想：這個人該不會要把錄音唱片，拿去銷毀吧？

「啊！是這樣的，我們想把唱片寄到日本，請東京廣播協會，在那裡公開播送。」

「咦？」對方的回答使呂泉生十分驚訝。

「這些都是珍貴的台灣音樂，很值得介紹給日本本土

•呂泉生創作的「杯底不可飼金魚」及「搖嬰仔歌」，是流傳最廣的代表歌曲。

的人們。」

「啊！是啊！這些都很珍貴，很珍貴……」呂泉生喃喃念著。

他把合唱録音，交給了日本當局，心中卻充滿了深深的悲哀與無奈——被殖民者的悲哀與無奈……。

•呂泉生是第一個以樂譜爲台灣民謠記錄的音樂工作者。

戰火下的日子

第二次世界大戰展開後，台灣也成為戰區，總督府以皇民奉公會的名義，向人民榨取物資，百姓生活更見困頓。

接近中午時分，阿忠幫母親擦完桌椅之後，就吆喝著兩個妹妹說：「阿梅、阿香，我們來玩捉迷藏吧！」

「好棒喔！玩捉迷藏了。」兩個妹妹開心的叫道。

阿忠今年八歲，還沒開始上小學，留在家裡幫忙做些家事，也得負起大哥的責任，照顧六歲的阿梅與五歲的阿香。像現在，阿爸去上工，阿母去參加「婦女大隊」的戰

・農人和香蕉。

日本已經跟美國展開戰爭，台灣也成了第二次世界大戰戰場的一部分，所以各地正積極進行戰時訓練。

「玩捉迷藏，那誰要當鬼？」阿梅問道。

「你啊！」阿忠一手指向阿梅。

「為什麼我要當鬼？」阿梅嘟著嘴問。

「誰叫你是長頭髮呀，鬼都有長長的頭髮。」阿忠理直氣壯的說。

「對，對，阿姊像，阿姊當鬼。」阿香在旁邊拍著手附合道；她的頭髮是短的。

阿梅沒辦法，只好先趴在桌子上，「數十下，就要開始抓了，一、二……」

•西元一八五三年，台北大稻埕碼頭是對外貿易重要的河口。

阿香很快躲到桌子底下。

「笨，那一下子就會被抓到。」阿忠想著，並飛速跑到門外，掀開亭仔腳地上的門板——下頭是防空洞。

「嘿！躲在這裡，門板一蓋，力氣小的阿梅根本掀不開門板，就找不到我了，等她離開客廳找到別處，我就咻一下衝過去，攻占鬼的地盤……」

阿忠躲在門板下，注意著下頭的動靜。

阿香果然不一會兒就被抓到。

接著，阿梅就在客廳繞來繞去，一邊大叫：「阿兄，阿兄，躲去哪了嘛！」

後來，總算沒聲音了。

阿忠這才推開門板，從隙縫中往客廳看，嘿！果然沒

●日據時期，台北大稻埕街上，婦女揀茶的情景。

人，他很快跑到客廳，拍了鬼的基地——桌子一下，表示他攻占基地成功，同時大叫：「我贏了。」

可是，阿梅沒有出現，阿香也失去蹤影。

阿忠找遍家裡，都沒有看見兩個妹妹，「糟了，不見了。」他急急忙忙衝出家門，「不會跑出去搞丟了吧！」才跑了幾步，迎面撞上阿母，「阿忠，幹什麼慌慌張張的！」

「阿梅、阿香不見了。」

阿母竟笑了起來，「他們在前面阿水伯的家門口玩呢！跟阿水伯的孫女一起。等一下就回來了。」

「她們——」

「她們說，你和她們玩捉迷藏，然後就不見了，阿梅想，你可能自己偷溜出去玩，不理她們，所以就帶著阿香去找阿水伯的孫女。」

「我才沒有跑走，我……」

「好，我知道，來廚房幫我的忙吧！」阿母快步走進房間，把婦女大隊的卡其色制服及頭套，換了下來，並來到廚房。

阿忠已經在那兒洗米了；那些米可真少得可憐。

「洗好米，把剩下的三個番薯削一削，切一切。」阿母交代道。

「又是番薯稀飯。」

「沒辦法，戰爭時期，有得吃就偷笑了，大部分的人家都是這樣的，配給的米根本不夠吃，種的米，養的豬、

•戰爭期間，糧食缺乏，每人每天才分配零點四公升的食物，許多人因爲營養不夠而生病或死亡。

雞一堆東西，要照時候繳出去，連金銀首飾，都要用低低的價錢賣給政府，好不容易存的一點錢呢，又要買公債或寄在銀行。」阿忠的母親所說的這些，都是政府以「皇民奉公會」的名義，強迫人民去遵循的，除了這些以外，婦女參加婦女大隊，男子編入警防團，以接受戰時訓練，還有人民被逼著去進行「戰時勞動服役」，修建機場，鋪軍用道路……也全部成了人民的義務。

「所以，哪來的錢給你們買好吃的呢？唉！只希望戰爭趕快結束。」

阿忠的母親黯然的說。

「阿母，沒關係，以後我去做工，賺大錢，我們就可以天天吃飯了。」阿忠說。

•民間糧食缺乏，日本軍方仍然到處搜索食物，並且把搜到的物資，貯藏到深山裡準備萬一美軍登陸，可以在深山打游擊戰。

•為了製造炮彈，台灣許多古炮，如基隆海門天險、淡水的滬尾北門鎖鑰古炮，都被拆去煉鐵。

阿母摸摸阿忠的頭，「好，阿忠真乖。吃完飯，我帶你們兄妹上山採野菜。」

「哇！好棒，要到山上去玩囉！」日子必須靠採野菜來充飢，是件悲哀的事，但是阿忠卻把採野菜當成了玩耍呢！畢竟他還是小孩子。

不久，阿梅、阿香回來了，他們吃過飯，就興高采烈跟著母親上山去了。

阿忠跟著媽媽，仔細在山裡尋找野菜的蹤跡，阿梅和阿香倒是對野花比較有興趣，已經採了一籃子啦！

今天採野菜的成果並不是很理想，母親因此說：「就先採這樣吧！我要回去把替人家洗的衣服，送還給他們了。」

「阿母，我再留下來多採一點。」阿忠說。

「我也要。」阿梅、阿香也同時叫道。

「好，不過不能跑太遠，也不能太晚回家。」母親很信任阿忠，所以，放心讓他帶著兩個妹妹留下來。

母親離開後，阿忠一邊觀賞野地裡的昆蟲、植物，一邊尋找野菜。

當他發現野菜，勤奮地挖取時，竟然挖到一個硬硬的東西，「這是什麼？」他好奇的挖呀挖，挖出一個小木箱。

「哇！是金子、首飾。」阿忠打開木箱後嚇了一跳，接著高興的大叫：「我們有錢了，我們有錢了。」

阿梅和阿香跑了過來。

「錢？錢在哪裡？」阿香問。

「笨，這些金子可以換錢呀！有了錢，就不用天天喝稀飯了。走，回家去告訴阿母、阿爸，我們有錢了。」

阿忠帶著妹妹來到山下，看到飛機轟轟飛過天際。

「飛機，是飛機吔！」阿忠他們的村子，被美軍的飛機轟炸過，可是，每次阿母都帶著他們躲在防空洞裡，不准任何人出去，所以，這是他第一次看到飛機，「在天上飛吔！真棒……」

突然，那些飛了有段距離的飛機，投下炸彈來，轟炸的聲音傳了過來。

「哇——」阿香哭了起來。

「別怕，阿怕，阿兄保護你們。」阿忠抱住兩個妹妹，躲到

•一九四四年，美軍B——二九轟炸機開始實行全島大轟炸，每天空襲兩、三次。

附近的田溝裡。

砰砰響聲持續傳來，過了好一陣子，阿忠彷彿聽到阿母叫喚他們的聲音：「阿忠——阿香——阿梅——」

不久，聲音愈來愈清晰。

「是阿母。」阿忠抬起頭來，果然看到母親倉倉皇皇的奔過來。

「阿母——」阿忠大叫。

母親發現了孩子沒事，一邊跑一邊哭；剛剛村裡響起空襲警報，她擔心阿忠他們正在回家途中，也遇上轟炸，便不顧滿天投下的炸彈，一路跑了過來。

「你們都沒有怎樣吧？」

「沒有。」

母親把三個孩子緊緊摟著。

這時，轟炸已經停止，阿忠趕緊把發現金子的事，對母親說，並把東西拿出來。

「誰把它藏起來的……」母親喃喃念道，然後說：「這是別人的東西，我們不能拿！」

「可是，有了錢，阿母、阿爸就能天天吃飯……」阿忠急急的說。

母親搖搖頭，「東西不是我們的，我們就不可以亂拿，而且拿了容易惹麻煩，阿母、阿爸也不要天天吃飯，阿母、阿爸就算日子再苦，只要你們平平安安，一家人都沒事，就心滿意足了。我知道你們都喜歡吃乾飯，阿母會洗更多衣服，賺更多錢，儘量讓你們吃飽……」

「阿母……我知道了，等一下我就把金子放回去。」

阿忠眼眶紅紅的說。

母親點點頭，再次把最寶貝的孩子們緊緊抱住！

•美國軍機先炸倉庫、毀壞設備，尤其是軍事設施和物資。四百六十家糖廠被炸得只剩下十六家，並且有二十萬個用電戶無電可用。

台灣軍伕傷心的出征

為了補充作戰人力，日本政府強行徵召台灣人當軍伕，許多人有去無回，造成家庭離散的悲劇。

阿祥鬼鬼祟祟的溜進阿爸和阿母的房間。

「印章，印章在哪裡？好像是在衣櫃裡。」阿祥打開衣櫃，一陣翻找。他現在是小學六年級的學生，學校的老師對他們說，有一個召募飛機工的考試，如果考上，會被送到日本造飛機，不但有薪水可以拿，又能一邊念書，幾年後還能得到更高的學歷證明。阿祥聽了很想參加，卻料準父母不會同意，於是才趁著阿爸、阿兄還在上班，阿母有事出去的時候，偷偷找印章，要蓋在應考同意書上。

「沒有！」阿祥在衣櫃沒找著，又是翻枕頭，找抽屜的，都沒看見印章的影兒。

「糟了，阿母可能快回來了。」阿祥開始著急起來。

「衣櫃頂好像有東西……」阿祥站上椅子，果然看到高高的衣櫃頂有個鐵盒，「啊！好像在盒子裡。」

他個兒很小，站在椅子上，伸長了手，勉強碰到櫃頂，卻搆不著盒子，後來只好拿來掃把，把鐵盒「掃」到邊緣，才驚險的拿了下來。

「啊！找到了。」阿祥從盒子裡拿出印章、印泥，在同意書上蓋好章，這時，門外響起腳步聲，他慌得把鐵

•一九四二年，台灣第一批「志願兵」入伍。日本政府甚至派原住民青年組成的高砂義勇隊到南洋作戰。

盒、掃把藏到床底下，又把同意書塞進口袋，匆匆跑到客廳。

啊！不是阿母，是隔壁的阿旺嫂來借斗笠。送走阿旺嫂之後，阿祥趕緊回房把一切收拾好。

經過嚴格的考試，阿祥錄取了，當他得到消息，開心了一會兒，立刻擔心起如何跟家人啟口的問題。

回到家，阿母不知為什麼滿面愁容，不說一句話，阿祥忐忑不安，一邊想：「等阿爸、阿兄回來再說吧！」

阿爸、阿兄到家後，在飯桌上，阿祥吞吞吐吐的把事情說出來。

阿母竟然大哭不止。

「我是想賺錢貼補家用嘛！最主要還可以念書，留在台灣，升學那麼困難……」阿祥急著把自己的想法講給大家聽，並用眼神向哥哥阿榮求助，希望他幫自己說話。

這時，阿母抽抽噎噎的說：「阿榮……阿榮被徵召，要去做軍夫，你又要去日本，一下子，兩個兒子都走了。」由於戰爭的關係，有許多台灣人被迫遠離故鄉，到戰場上幫助日軍作戰。

「阿榮被徵召……」阿爸愕然的說。

「今天才知道的……」阿母止不住的啜泣著。

阿榮也是一臉驚愕。

阿祥低頭看著飯碗，不知道要說些什麼……

這天，火車站前，擠滿了人，大家都一臉憂愁，不過，也有一些被徵召的軍夫，受了日本人的洗腦，以為這是向

•中日戰爭時，爲了進兵中國大陸，日本徵召台灣人去當翻譯、軍伕或軍醫，美其名爲「徵召志願者」，實際上是強迫的。

•一九三七年，台灣人軍伕奉召至中國戰場。

日本天皇盡忠的好機會，而顯得洋洋得意。阿祥和父母擠在人群中，要送阿榮上火車。

火車漸漸要啓程，
大家萬歲喊三聲
右手拿旗，左手牽兒，
我君啊！
儘管往前行，
家裡放心免探聽……

有人唱起了這首悲涼的「送軍歌」，從西元一九三七年開始，火車站前就經常響起這首歌的旋律，然而，送別之後漫漫的等待，往往只等到他們骨灰回來！叫送行的人怎能放心讓至親離去呢？

「阿榮。」母親緊握著大兒子的手，「要小心……」說著，眼淚又成串掉了下來。

阿榮不得不上車了，他向家人告別，「阿爸，阿母，你們也要保重，阿祥，去日本一切要小心。」

看著哥哥走遠，阿祥再看看爸媽，他猛然發現，他們一下子老了許多、許多。

再過幾天，阿祥也要到岡山受訓，然後前往日本了，他真怕、真怕自己離開時，父母會變得更蒼老，可是，已經簽了同意書了，能夠不去嗎？他想：應該有辦法可想吧。

•戰爭期間，總共徵召少年航空兵、海軍志願兵約二十萬人，後來大約有三萬人戰死。

•台灣志願軍的打扮。

日落大地

西元一九四五年，日本戰敗，並宣布投降，受異族統治五十年的台灣與澎湖，終於回歸到中國的懷抱。

「阿龍，去看舞龍舞獅。」八歲的小男孩阿宏興沖沖的跑到死黨的家門口，大叫道。

阿龍飛奔而出，「舞龍來了。」他一邊叫，一邊扭著身體。

「是真的舞龍舞獅，聽說很漂亮的……我們快去。」

他們蹦蹦跳跳的衝出去，並彼此談論著。

「爲什麼會有舞龍舞獅？」

「我阿母說是慶祝光復。」

「光復？」

「就是我們不用再讓日本人管了，我阿母是這樣說的。」

「不用給日本人管……」

「嗯！反正就是一件大家都高興的事啦！」

台灣光復了！在日本統治了五十年之後，終於因為日本戰爭失敗，而將台灣歸還中國。這個消息在西元一九四五年八月十五日的中午，由日本天皇透過廣播公開宣布，台灣人知道後，簡直高興得發了狂，互相傳遞者這個天大的喜訊，而日本人則慌亂失措，神色哀悽。

•一九四五年八月十五日，日皇下詔廣播無條件投降。九月九日，何應欽將軍在南京主持受降典禮。

當祖國派了接收人員和軍隊，來到台灣，大家更是爭先恐後，跑到機場和基隆碼頭去迎接。同年十二月二十五日，日本投降的代表辦理了投降的手續，台灣重新成為中國領土的一部分。第二天，在台北市便舉行了盛大的慶祝遊行。

「哇！好大聲喔！」阿宏他們來到遊行所經過的熱鬧地段，只聽到鑼鼓喧闐。

「哇！擠死了，都是人，看不到哇！」個子小的阿龍費力的踮起腳尖，還是淹沒在人群中。

阿宏年紀比較大，也長得比較高壯，他跟阿龍說：「你爬到我的肩膀上坐著，應該可以看到。」

阿龍身子敏捷，一下子坐上阿龍的肩頭，「看到了，

・一九四五年前期，日本仍做頑強的抵抗，後因美軍在廣島和長崎，投下原子彈，才迫使日本停戰。

好好玩，獅子耍來耍去的，還有龍燈，好漂亮的龍燈。」

看了好一陣子，兩個孩子才擠出人群。

「呼——阿宏，你看我有沒有變得扁一點？」

「扁一點……」

「對啊！被擠扁的呀！」

「扁，啊！我會說『扁』的北京話喔！」阿宏費力的用國語，發出「扁」的音。

「什麼呀？北京話是什麼？」

「因為我們是中國人嘛！以前有日本人管，只能講日語，或是偷偷講台語，現在可不用了，要開始學中國人說的北京話，這是……」

「你阿母說的。」阿龍搶著接了話，並問道：「那你是跟誰學的呢？」

「去過大陸的陳阿伯哪！好多人都請他教喔！你要不要拜我為師呀！『扁』是這樣念的……」

他們走過街道，有許多人家都懸掛著國旗。

「紅紅的旗子，在天上飄，真好看。」阿龍說。

「我家也有，我阿爸要去買來掛，都買不到，後來乾脆叫我阿母自己做，借鄰居的國旗來，看什麼樣子就跟著做。」當時，商店中的國旗被搶購一空，於是有人自己動手仿製，而商人更動腦筋用厚紙印刷，也供不應求。

「我也想要，我們一人做一支小旗子，拿在手上，多威風。」阿龍提議道。

「好。」

他們回到阿龍的家，找出紙、蠟筆、竹子等材料，動手做了起來。

當他們專心一意的畫著國徽的徽角時，阿龍的父母也忙著在祖先的靈位前，誠心的祭拜著。

阿龍的父親臉上並沒有高興的表情，他默默禱念著：「台灣被歸中國的手中，將來的命運不知道會如何……」

當大多數的人，為了台灣光復而欣喜若狂時，有一部分的知識分子，也像阿龍的父親一樣有著不安與憂慮，他們擔心台灣與中國隔絕了這麼久，要彼此融合恐怕會出現問題；而有的親日人士，則對日本的統治戀戀不捨……

只是，年紀小小的阿龍和阿宏，只顧專心的做著旗子，並沒有注意到大人的擔憂。他們做好旗子，已經是黃昏了，他們興奮的舉著小國旗，在街上跑著，風吹動著紙旗子咱咱作響，聽著這種聲音，微微的涼風吹拂過來，令阿龍和阿宏非常的愉快……

一九一九年完成的總督府（今總統府）。

台灣歷史故事❺日本統治的時代〔1895-1945〕

1996年6月初版
2018年6月初版第二十一刷
2018年10月二版
2021年3月二版二刷

定價：新臺幣200元

顧問	曹永和
審訂	台北市國小社會科輔導團
資料編輯	林淑玟
故事	周姚萍
叢書主編	黃惠鈴
封面設計 繪圖	張振松
內頁繪圖	高文麒、李月玲 楊政輯、韓光耀
美術編輯	陳介祜、盧朋 楊麗雯

出版者	聯經出版事業股份有限公司
地址	新北市汐止區大同路一段369號1樓
叢書主編電話	(02)86925588轉5313
台北聯經書房	台北市新生南路三段94號
電話	(02)23620308
台中分公司	台中市北區崇德路一段198號
暨門市電話	(04)22312023
郵政劃撥帳戶第	0100559-3號
郵撥電話	(02)23620308
印刷者	世和印製企業有限公司
總經銷	聯合發行股份有限公司
發行所	新北市新店區寶橋路235巷6弄6號2F
電話	(02)29178022

副總編輯	陳逸華
總編輯	涂豐恩
總經理	陳芝宇
社長	羅國俊
發行人	林載爵

行政院新聞局出版事業登記證局版臺業字第0130號

本書如有缺頁，破損，倒裝請寄回台北聯經書房更換。 ISBN 978-957-08-5202-8 (平裝)
聯經網址 http://www.linkingbooks.com.tw
電子信箱 e-mail:linking@udngroup.com

國家圖書館出版品預行編目資料

台灣歷史故事⑤日本統治的時代〔1895-1945〕/
周姚萍故事．二版．新北市．聯經．2018.10．
204面；14.8×21公分．
ISBN 978-957-08-5202-8 (平裝)
[2021年3月二版二刷]

1.台灣史 2.歷史故事

733.21 107018014